미국역사문화의 해부

Irony of Frontier

침략사상이 된 미국의 프런티어

조해경 지음

법영사

머 리 말

1882년 강화통상 수호조약이 체결 된 지가 벌써 1세기가 훨씬 넘었다.

토인비는 「역사는 그 자체를 되풀이」하며, 애드가 카는 「미래의 역사는 과거와 현재를 보면 알 수 있다」고 한다. 만일 얄타협정이 없었다면 한반도는 분단의 희생을 겪지 않았을까? 만일 한국동란이 일어나지 않았더라면 한미관계 역사는 어떻게 변했을까? 만일 중공이 한국동란에 참전하지 않았더라면 중미 화해의 역사는 더 빨라졌을까? 만일에 공산주의 국가들이 좀 더 빨리 자본주의 국가들이 가지고 있는 보이지 않는 손인 경쟁력을 바탕으로 하는 시장경제를 채택하였더라면 공산권 몰락은 없었을까? 이 모든 역사가 없었더라면 우리의 역사는 어떻게 되었을까? 꼬리에 꼬리를 무는 역사부정의 말들 ……

사르트르는 인간은 불완전한 존재이기 때문에 인간이 가지고 있는 깊은 내면의 무의식 속에 잠재되어져 있는 불완전은 완전을 향해서 죽는 날까지 완전해 지려고 노력을 하고 있다고 하였던가.

2차대전 이후 세계의 역사는 미국이 주도하는 역사 속으로 달려 나가고 있다. 1618년 독일 신성로마제국에서 시작된 30년 전쟁은 인류의 역사를 두 개의 큰 물줄기를 탄생시킨다. 하나는 유럽 국가들의 정식국가로서의 탄생이다. 또 하나는 종교전쟁 2년 후인 1620년 미국역사의 아버지라 부르는 필그림스화더스, 즉 청교도인들이 미국 탄생을 알리는 미국역사의 기원을 만들었다.

낭만주의 시인 윌리엄 워즈워드는 어린이는 어른의 아버지라고 했다. 같은 기독문화의 수도사문화를 내던지고 하느님이 가장 사랑하는 라파엘의 말을 믿고서 젖과 꿀이 흐르는 낙원을 찾아서 간 신천지에서 미국인들은 유럽의 수도사문화를 헌신짝 버리듯이 버리고 새로운 기독문화를 창조하였다. 그들이 창조한 기독문화는 하느님이 유럽인들에게 밀턴의 실낙원을 통해서 지상낙원은 없다는 말을 부정하였다. 미국인들은 하느님이 가르쳐준 지상낙원이 바로 신천지 대륙이며, 그들은 하느님으로부터 언덕위에 도성을 쌓는 것을 명백한 운명으로 생각하였다.

미국인들은 그들의 선조들로부터 물려받은 수도사문화대신 그들만의 독특한 기독문화를 창조해 나갔다. 그들은 동부에서 서부로 유럽전체 크기 만 한 대륙을 개척해 나갔다. 그 개척과정에서 미국인들이 만들어낸 정신이 바로 그들이 자랑하는 「프런티어 정신」인 것이다. 한 마디로 말하면 프런티어는 황무지를 옥토로 개척해 나가는 정신이다.

그들이 만들어 놓은 문화는 유럽의 수도사와 동양의 유교문화와는 완전히 다른 문화를 창조해 내었다. 낭만을 사랑하는 유럽인들은 대서양을 바라보면서 아름다운 자연부터 머릿속에 떠 올린다. 그러나 미국인들은 대서양의 바다는 넘어야 할 장애물로 생각한다. 미국을 대표하는 작가 멜빌의 괴물 고래 모비딕은 바로 미국인들이 가지고 있는 자연에 대한 생각이다. 유교문화를 바탕으로 하는 한국인들은 강을 보면 소슬바람 부는 강가에 끝없이 펼쳐진 백사장과 산모퉁이의 소나무와 물에서 막나온 물총새부터 생각한다. 그러나 미국인들은 달 밝은 콜로라도 강과 애리조나의 연분홍색깔의 아름다운 선인장 꽃을 보지 못하고 거센 물살과 뾰쪽 하고 위험한 선인장 가시만이 눈이 보인다.

포장마차의 원조는 미국이다. 미국인들은 포장마차하면 머리에 짐승의 가죽 띠를 동여매고 총을 겨누는 인디언과 옆에는 받으려고 두 뿔로 거세게 돌진해오는 물소 버팔로부터 생각한다. 동양문화민족은 포장마차하면 추운 겨울 눈오는 밤 가장 다정한 친구와 함께 스스럼없이 소주잔에 격식없이 옛이야기를 지줄대는 낭만부터 떠오른다.

영국 작가 찰스 디킨즈는 그의 위대한 유산에서 미국인들은 뼈대가 없는 상놈으로 무시하고 욕하였다. 반면 영국 생물학자 찰스 다윈은 그의 용불용설에서 환경에 적응하고 극복하는 생명체만이 살아남는다는 것이다. 미국은 황무지 땅 신천지를 옥토로 만드는 과정에서 정신적으로나 물질적으로 강해지는 해법을 터득했다. 그들은 다윈의 주장과 같이 험하고 힘든 주변 환경에 생존하는 법을 스스로 알았다. 초기의 소설 다니엘 호손의 주홍글씨와 중기 개척기의 마크 트웨인의 허클베리 핀의 모험과 말기의 피츠제럴드의 위대한 캐츠비와 제임스 페니모어 쿠퍼의 라스트 모히칸은 미국인들이 얼마나 자연에 잘 대응해 나가는 정신을 가지고 있는가를 묘사하고 있다.

미국인들은 자신들만이 하느님으로부터 축복받은 국민으로 생각하는 예외주의와 우월주의는 바로 프런티어를 바탕으로 하고 있다. 그들은 구약의 모세가 젖과 꿀이 흐르는 땅을 찾아서 행한 탈 애급이 바로 미국인들의 출 유럽에 비유하고 있다. 또한 구약의 모세를 조지 워싱턴에 신약의 예수는 에이브라함 링컨에 비유하고 있다. 따라서 악과 관련하여 전 세계인들은 모두가 악인이 될 수 있지만 미국인들만은 절대로 악인이 될 수가 없는 존재이며 같은 기독교를 바탕으로 하는 유럽인이나 유태인과는 다르다는 것이다. 유럽인들은 스스로 악인이 될 수 있다고 생각한다. 유태인은 하느님의 아들인 예수를 배신하여 죽였기 때문에 떠돌이 생활을 한다고 믿는다.

미국인들은 유럽인들과는 다른 선 굵은 프런티어정신을 발휘하여 세계 패권국의 위치에 올라갔다. 하느님이 지시해서 지상의 언덕위의 도성을 쌓는 일을 해야만 밝은 미래가 있다고 생각한다. 그들이 원하는 언덕위의 도성은 결국 지구상에 자유와 미국식 성공모델을 심는 일이다. 미국식 성공모델은 미국이 중심이 되어서 세계화를 만든다는 것이다.

미국인들이 미국식 성공모델을 수행해 나가는 과정에서 미국인들은 초기개척기에 형성한 프런티어 정신을 바탕으로 하고 있다. 그들은 초기 개척기에 인디언들이 기독교를 거부하고 자신들이 숭배하는 자연신을 믿는 종교를 택하자 잔인하게 인디언과 버펄로를 살해하고도 아무런 죄책감을 느끼지 않았다.

미국인들은 이제 프런티어를 전 세계에 적용해 나가고 있다. 자신의 편에서는 국가는 선이고 자신의 반대편에 서는 북한 등의 국가에 대해서는 악으로 규정하고 있다. 거시적인 차원에서 보면 미국이 만들어놓은 기독문화가 이슬람문화를 비롯한 비 기독문화와의 충돌현상을 초래하고 있다고 규정할 수 있다. 미국이 만들어 나가는 미국식 성공모델의 적용과정에서 미국은 눈에 나타나는 군사력을 팽창하고 있으며 반면에 눈에 보이지 않는 신뢰성을 비롯한 소프트파워는 상실해 나가고 있다.

미국이 수행하는 행동에 대해서 중동의 국가들을 비롯하여 동양권 국가에서까지 반발을 초래하고 있다. 미국이 자랑하는 프런티어를 세계인들은 빛바랜 백일홍을 바라보듯이 미국역사의 쇠태를 예상하고 있다.

프런티어는 위기를 기회로 바꾸는 기질을 가지고 있다. 미국의 전문가들마저도 미국이 패권국의 위치가 흔들린다고 생각하고 있다. 그것은 바로 소프트파워의 상실을 의미한다.

이 책은 현재 세계 패권국인 미국을 긍정적인 시각에서 다루기보다 부정적인 관점에서 분석하는데 초점을 맞추고 있다. 미국에 대한 관심은 미국이 패권국으로 존재하는 한 지대하다. 우리 한국은 미국과 동맹관계에 있으며, 반대로 우리와 같은 민족인 북한은 미국과 적대적 관계에 있다.

우리는 남북한 공동체의식이냐 한미공조관계 중에서 어디에 역점을 두어야 하는지에 대해서 신중하게 대처해 나가야만 한다. 따라서 이 책은 현재 패권국인 미국에 대해서 오만성을 없애고 자극을 주기 위해서 미국인들이 즐겨먹는 햄버거 빅맥에 소금을 잔뜩 집어넣어서 그들이 자극을 받고 반성해서 남북관계를 비롯하여 국제관계를 원만하게 이끌어 나가기를 희망하고 있다. 아울러 우리도 모든 문제를 미국에 의존하기 보다는 우리 스스로가 적극적으로 해결해 나가기를 기대한다. 비록 안보적으로는 미국에 의존하는 약소국이지만 미국에 대항하는 강대국 외교정책과 면모를 보여야만 우리나라도 머지않아 남북이 통일되고 일본과 중국을 앞지르는 미국과 동등한 위치의 패권국을 기대할 수 있다고 생각된다.

이 책의 출간을 위해 힘써주신 많은 분들에게 감사의 말씀을 드린다. 또한 이 책의 출판을 위해 끝까지 수고해주신 출판사 고준영 사장님과 법영사 여러분께 감사를 드린다.

2007년 8월

녹음이 우거진 개화산 기슭에서
유유히 흐르는 한강을 바라보며

조 해 경

차 례

제1장
미국을 해부 한다

깨어진 미국신화

인류의 역사를 통해서 로마시대 이래로 최대의 강국인 미국에 대한 관심은 현대사를 살아가고 있는 사람들에게는 누구나 관심의 대상이 되고 있다. 한국은 미국과 1882년 제물포 통상수호조약을 체결하여 서양 국가들 중에서 가장 먼저 미국과 인연을 맺게 되었다. 현재 한국의 미국에 대한 관심은 2차대전 이후 지리적으로 가장 가까이 있으면서 같은 유교문화를 공유하고 있는 일본과 중국보다도 더 크다고 할 수 있다.

2000년대에 들어서면서 미국은 대서양과 태평양이라는 거대한 자연성벽 때문에 절대적으로 외부의 침략은 불가능하다는 400년간 지속된 신화는 깨어져 버렸다. 역사상 처음으로 미국 본토에 대한 적국의 도전은 패권국 미국에 대한 자존심을 건드리면서 미국은 아프간과 이라크에 대한 공격으로 전 세계인들을 위협하기 시작했다.

패권국이라야만 한다는 명백한 운명(Manifest Destiny)과 언덕위의 도성(City upon a Hill)이라는 기독교 사상의 절대불변의 진리를 바탕으로 하는 미국의 역사는 냉전종식과 함께 거대한 함정이 침몰하듯이 서서히 기울어지고 있다.

도전국 소련의 갑작스런 몰락은 패권국 미국을 군사적 팽창정책으로 몰아갔다. 도전국의 몰락과 함께 시작된 이라크와의 1차전인 걸프전은 무승부로 끝났다. 걸프전에 대한 무승부는 미국을 군사적 유일패권국으로 만들었으며 동시에 미국에 대한 국제사회의 매력은 추락하기 시작하였다. 걸프전이후 미국의 국제사회에서 여론이 추락하기 시작하면서 중동의 테러리스트들의 미국에 대한 반격이 어느 정도 가속화하기 시작하였다. 걸프전을 치른 조지부시 1세는 전쟁에서는 이라크와 무승부를 거두었지만 선거에서는 패배하였다. 부시의 선거에서 패배는 걸프전에 대한 미국인들이 심판을 내린 것과 같다고 할 수 있다.

이러한 국내외의 1차 이라크 공격에 대한 여론 악화는 결국 테러리스트들에 의한 9.11 테러행위를 일으키도록 만들었다. 따라서 당시의 상황을 분석하면 국내적으로나 국제적으로 미국에 대한 여론의 악화는 테러리스트들이 공격을 감행하도록 미국이 원인을 제공하였다고 할 수 있다. 9.11 테러는 인류의 역사를 기원전과 기원후로 나눌 만큼 큰 사건으로 분류된다.

미국에 대한 여론악화는 9.11 테러를 유발시키고 그 결과 미국은 2차례의 전쟁을 치르면서 전쟁광이라는 국제여론 속으로 내몰리는 악순환을 거듭하게 된다. 테러리스트들을 동조하고 있는지와 대량살상무기를 가지고 있는지 아닌지를 분명하게 확인을 하지 않고서 단지 미국인들이 가지고 있는 명백한 운명과 언덕위의 도성의 두 가지 정신에 위배된다는 생각으로 미국은 아프간의 탈레반 정부와 이라크의 후세인 정권을 무너뜨렸다.

이러한 군사적 행동으로 인한 국내재정 적자를 메우기 위해 미국은 현재 자국위주의 무역개방을 요구하면서 세계 각국들과의 무역 마찰을 일으키고 있다. 군사적 팽창정책으로 인해서 국가 재정적자와 무역 적자 등 이중고와 함께 테러 예방책으로 각국들의 미국입국 단속 강화와 함께 자국 국민들의 자유권 제한 등 미국이 앓고 있는 문제점들이 드러나면서 미국역사의 몰락이 시작되었다는 것을 암시하고 있다.

◎ 미국역사 쇠퇴의 제기

미국역사의 몰락은 진보주의 역사학자인 폴 케네디의 저서 제국의 흥망성쇠나 패권순환론의 대가인 예일대학의 이마누엘 월레스틴 등으로부터 거론되기 시작하였다. 이어서 미국을 옹호하는 보수주의학자들에게까지 미국역사의 위기가 확산 되었다. 일본계 미국인이자 미국 외교정책의 중심세력인 네오콘의 일원인 프란시스 후쿠야마까지 미국 역사의 위기를 거론하고 있다. 후쿠야마는 도전국 소련의 몰락인 역사의 종말을 헤겔의 국가론에 자유주의와 공산주의를 접목시켜 변증법적으로 논리를 전개하여 공산주의의 몰락과 자유주의의 승리를 예언하면서 석학의 위치에 올랐다.

여기에 미국의 가장 보수주의 학자이며 미국 옹호론자인 하버드대학의 사무엘 헌팅 톤도 미국에 대한 국제사회와의 갈등을 예언하고 패권국 몰락의 위기를 거론하고 있다. 문명충돌론의 저자인 사무엘 헌팅 톤은 9.11테러를 이슬람 문화와 기독문화간의 갈등 현상으로 규정하고 있다. 또한 하버드의 석학인 조지프 나이는 하드 파워인 군사적 팽창을 염려하고 소프트 파워의 상실로 인한 미국의 위기를 우려하고 있다. 여기에다 실무경제인이자 투자 전문가인 조지 소로스는 미국의 거품경제를 주장하면서 미국의 위기를 예상하고 있다.

미국의 쇠퇴와 관련하여 정확하게 예상하기는 힘이 든다. 그러나 20세기에 세계 최대 강대국으로서 미국을 위협하던 소련이 2차대전 이후에 갑자기 도전국으로 등장하였다가 90년대 초에 갑자기 몰락한 역사적 사실이나 2차대전이 일어나자 세계 최대의 육군 강대국이라고 믿고 있었던 프랑스가 독일의 전차부대 앞에서 힘 한번 못쓰고 무너져 버린 사실들을 기억하여야 한다. 소련이 그렇게 쉽게 무너지리라고는 어느 누구도 예상하지 못했으며 프랑스의 세계 최강의 육군 역시 독일 전차군단에게 너무 쉽게 무릎을 꿇어 버린 것과 9.11 테러 당시 군사적 조직력이 전혀 없는 수명의 테러리스트들에 의해서 인류 역사상 세계 최강이라고 자부하는 미국의 군사 중심부인 국방성이 순식간에 함락되고 세계

무역을 대표하는 무역센터가 몰락해 버린 것을 기억하여야 한다.

20세기 초에 있었던 유럽의 육군 최강국으로 여겼던 러시아가 새로 등장한 아시아 작은 섬나라 일본에게 러일 전쟁에서 참패하리라고는 누구도 예상하지 못했다.

패권국 미국에 대해서 현재 뚜렷하게 도전국이 나타나지 않고 있다. 그러나 미국이 안보적인 차원에서 패권국인 미국을 추종하던 추종세력들을 급속하게 잃어가고 있다는 것은 사실이다. 그 근본적인 원인은 도전국인 소련의 몰락으로 더 이상 미국이 안보적인 역할을 할 명분을 잃어 버려가고 있다. 소련과 동구 공산권에 대항하기 위해서 만든 북대서양 조약기구인 나토도 더 이상 의미가 없어져 버렸다. 유럽은 안보적인 차원에서 미국을 추종할 필요가 없게 되었다. 단지 동북아에서 얄타협정과 냉전의 산물인 한반도가 통일이 되지 않고서 분단으로 인해 남한과 일본이 미국을 추종하지 않으면 안 된다는 생각을 하고 있다. 그러나 앞으로 가까운 장래에 한반도가 통일이 되는 경우 동북아에서 미국의 영향력은 사라질 것이다. 반면에 남북한이 통일이 되지 않는다면 남한과 일본은 북한의 핵개발에 대비한 독자적인 방안을 마련할 것이 틀림없다. 이렇게 되면 미국의 동북아에서의 영향력도 절대적으로 감소할 것이다.

중동과의 관계에서도 현재 미국이 이라크를 발판으로 하여 중동에서 영향력을 행사하기는 하지만 중동내의 분쟁으로 인해서 미국은 적시에 물러나지 않으면 월남전과 같은 수렁에 빠질 가능성을 배제할 수 없는 상황이다.

경제적인 차원에서도 2차대전 이후 전 세계가 미국의 의존국이었다. 그러나 60년대 일본과 구라파가 미국으로부터 벗어나서 독립을 하더니 70년대는 미국과 동등한 입장에서 세계시장에서 경쟁을 벌렸다. 그 결과 세계는 일제와 미제 및 유럽제품의 공급과잉 현상이 일어났다. 80년대부터는 중진국이 성장하여 선진화 현상을 보이고 2000년대에 들어서면서 경제 후진국이었던 중국 등의 상품이 세계 시장에서 미국을 따라가면서 경쟁상품으로 등장하고 있다. 현재 한국과 중국을 비롯한 많은 국가들이 경제적인 차원에서 세계시장에서 미국과 상품경쟁을 벌리고 있다. 따라서 특정부분에서 미국이 독점하던 상품은 이제는 공급과잉으로 인해서 치열한 경쟁을 벌리고 있다. 이것은 미국이 패권국으로서 경제적인 차원에서 보살펴주던 무임승차국들과 추종세력국가들이 점차적으로 떨어져 나갈 것을 예상하고 있다. 이렇게 되면 미국의 패권국으로서의 위상이 추락할 것임에 틀림없다.

이상의 안보적인 관점과 경제적인 관점에서만 보더라도 현재 패권국인 미국에게 불리한 입장에 있다.

◎ 한미공조와 남북한 공동체

이러한 상황에서 한국은 북한과 민족공동체의식을 강화시켜나가야 하는지 아니면 한미공조관계에 역점을 두어야 할지에 대해서 신중을 기해야 한다. 북한과 한민족 공동체의식을 강화시키는 경우 비록 한반도에서 미국이 북한에 대해서 이라크나 아프간에 대한 것과 같은 공격을 한다고 하더라도 북한은 남한에 대해서 치명적 살상공격은 할 수가 없을 것이다. 그러나 남한이 북한에 대해서 미국과 적극적인 동반자 관계를 유지하는 경우 북한은 남한에 대해서 대량 살상무기로 공격할 가능성이 크다.

현재 남한은 미국과 일본과 중국의 삼국의 영향권에 있다. 남한은 19세기말 중국 외교관인 황준헌의 「조선책략」에서 '연미 결일 친중'이라는 말을 기억할 필요가 있다. 역사학자 토인비의 '역사는 그 자체를 되풀이 한다'는 말과 같이 한국은 당시의 실수를 거울삼아 지금 미국, 중국, 일본과의 관계를 재편성해 나가야 만 할 시기이다.

안보적인 차원에서 가장 깊은 관련성을 가지고 있는 패권국 미국에 대해서 어떠한 관계를 유지해야 하며 앞으로 미국의 쇠태에 대비하여 북한 및 일본 중국을 비롯한 국가들과 어떠한 국제관계를 유지해 나가야 하는 것이 중요한 문제로 대두되고 있다.

디지털 혁명에 의해서 국제관계는 급속한 변화를 하고 있다. 한반도 바로 옆에는 미국에 이어 세계 제 2의 경제력을 바탕으로 하여 과거의 군사대국의 향수를 꿈꾸는 일본과 무한한 경제성장 잠재력을 바탕으로 하여 급속한 경제발전을 계속하면서 미국과 러시아 다음인 세계 3위의 군사대국인 중국이 있다. 군사대국 중국과 경제대국 일본 사이에서 우리는 안보 및 경제적인 차원에서 경쟁력 있는 변화를 추구해 나가야만 한다. 특히 미국에 대해서는 북한을 적대관계에서 화해 관계로 끌어내도록 남한의 적극적인 협력이 필요하다.

최근 일본은 2차대전의 전쟁에 대해서 뉘우침이 전혀 없으며 전범들을 영웅시하고 있다. 또한 중국은 한국 등 주변 국가들을 과거 한반도 역사를 중국 자치구로 여기면서 지구상에는 두개의 국가는 있을 수 없다는 동북공정의 역사왜곡 문제를 일으키고 있다. 미국은 또한 미국만이 하느님으로부터 선택된 국가라는 사상을 가지고 있다.

역사적으로 볼 때 그 나라 국민들이 가지고 있는 근본적인 뿌리는 절대로 변하지 않고 단지 주변 환경에 맞추어서 다시 살아난다. 호전적인 국민성으로 인해 전쟁이 끝나지 않는 이란과 이라크를 비롯한 중동의 국가들, 현대 역사를 알리는 1618년 30년 전쟁부터 세계 1차와 2차 대전을 일으켜서 세계를 광란의 역사 속으로 몰아넣은 독일인의 민족성 등을 생각해 볼 필요가 있다. 세계평화주의자 칸트를 배출한 철학의 나라 독일과 국화를 사랑하는 일본인들이 인류의 역사를 광란의 역사로 만든 것을 보면 아이러니가 아닐 수 없다. 또한 자유의 여신상을 대서양에 세워 놓고서 인류의 자유와 평등을 부르짖는 미국 또한 백인들이 인디언과 흑인보다 진보한 인종으로 생각하고 같이 섞일 수 없다고 생각했던 것을 보면 국가와 민족이 가지고 있는 특성을 해부해서 거기에 적절하게 대응해 나가지 못하게 되면 약육강식의 국제사회에서 도태되어 버린다. 이러한 국가의 국민들이 가지고 있는 사상을 분석하여 이들 보다 한발 앞서서 대응전략을 수립해 나가는 일이 급선무이다.

◎ 각국의 국민성

한국과 중국 일본과 미국의 4나라의 국민성을 분석해 보면 일본과 미국이 비슷하며 중국과 한국이 비슷하다고 할 수 있다. 2차대전 당시 미국이 일본의 민족성을 연구 분석한 결과 당시 국방성에서 연구 책임자이었던 루스 베네딕트 여사는 그의 저서 「국화와 칼」에서 일본의 민족성을 잘 나타내고 있다. 일본 민족은 국화를 사랑하는 문화적인 감정도 풍부하지만 아울러 칼을 사랑하는 호전적인 양면성을 가지고 있다고 하였다. 미국은 일본을 동양 삼국 중에서 가장 좋아하고 존경한다. 그 이유는 일본이 미국 다음의 세계 제2의 경제대국이라는 점도 있지만 그보다도 2차대전 당시 진주만 기습을 당했다는 생각을 항상 가지고 있다. 일본과 미국이 20세기 초에 팽창주의 정책에 서로 합의를 하여 추진해 나갔다는 역사적 사실에서도 잘 나타나 있다.

1905년 미국 국무장관 테프트는 당시 일본 외상 카스라에게 일본의 한국 식민지화를 인정하고 대신 일본이 미국의 필리핀 식민지화를 인정해 달라는 조약인 테프트-카스라 조약을 체결하였다. 당시 미국은 유럽의 최강대국인 스페인을 1898년 미서전쟁에서 이기고부터 문호개방이라는 이름으로 팽창정책을 본격적으로 추진하고 있었다. 이보다 약 반세기전에 일본은 1854년 미국인 페리제독이 타고 온 거대한 증기군함인 흑룡에 매력을 느끼고 곧 바로 미일 통상조약과 개혁에 착수하여 메이지 유신을 거쳐서 1904년 세계 최강국 러시아를 격파시키면서 문호를 열어준 미국으로부터 인정을 받았다.

그러면 동양 삼국 중에서 일본은 왜 개혁에 성공을 하고 한국과 중국은 개혁에 실패하였는가. 여기에 대한 답변은 하버드 대학의 동양역사학의 석학인 존 페어뱅크의 설이 가장 유력하게 인정되고 있다. 페어뱅크는 일본이 개혁에 성공한 원인은 일본국민의 강한 애국심과 모방성에 기인하고 있으며 한국과 중국이 실패한 원인은 강한 보수주의 사상과 가족주의 사상 때문이라고 보고 있다. 사실상 서양 문물이 들어오기 전에는 수 천 년 동안 동양 삼국은 중국 한국 일본의 서열을 유지해 내려 왔으며 중국대륙의 문화는 한반도를 통해서 전달되어 졌다. 일본은 삼국 중 에서 가장 후진국으로서 오래 동안 중국과 한국은 일본을 단지 섬나라 야만국 정도로 여기고 있었다.

페어뱅크는 동양 삼국 중에서 일본이 가장 국가에 대한 애국심이 강하고 덜 가족적이며 중국이 가장 보수주의적 사고와 가족주의정신이 강하다는 설을 주장하고 있다. 동양삼국이 서양 강대국들과의 접촉은 중국이 한국과 일본보다 앞섰다. 그러나 중국은 보수성으로 인해 1840년 아편 전쟁의 패전으로 강제적으로 문호를 개방 당했다. 한국도 1882년 미국과의 제물포 통상수호 조약 이전에 이미 서양 강대국들로부터 문호개방에 대한 교섭을 받았다. 그러나 한국 역시 보수성으로 인해 문호개방을 거절하였다. 일본은 1853년 페리제독의 증기선을 입에서 화염을 뿜어내는 한 마리의 큰 용이라 생각하고 미국 군함의 이름을 흑룡이라고 붙였다. 다음해에 일본은 미국과 통상조약을 체결하고 몇 년 후에는 영국, 프랑스, 네덜란드 등 서양 강대국들과 화친조약을 맺었다. 곧 이어서 명치는 스스로 상투를 잘라버리고 서양식 모델로 국가를 건설하기 시작 하였다. 일본이 채택한 근대화 모델은 서양의 열강국들의 장점만을 모방하여 개혁에 착수하였기 때문에 일본은 바탕이 없이도 급성장 하였으며 얼마 후 바로 서양 강대국들과 같은 대열에 올라섰다.

일본이 서양의 강대국 대열에 들어 선 것은 문호개방이 시작 된 지 불과 20년도 되지 않았다. 이것은 일본이 1876년 조선과 강화도조약을 체결하면서 일본이 수 천 년 유지되어 오던 중국 한국 일본의 서열을 깨고서 일본이 중국과 한국을 앞섰다는 것을 보여 주었다. 이어서 일본은 조선의 문제를 두고서 청국과 갈등양상을 보이더니 1854년 미국과 화친 조약을 수립한지 정확하게 40년 후인 1894년 청일전쟁을 일으켜서 동양 최대의 강국인 중국의 무릎을 꿇게 만들었다. 또 다시 10년 후인 1904년에는 세계 최대의 육군강국인 러시아의 무릎을 꿇게 함으로서 독일과 함께 세계패권국의 꿈을 키우기 시작 했다. 이때부터 일본은 당시 형식적 패권국인 영국과 실질적 패권국인 미국을 제외하고는 프랑스와 독일과 함께 동양국으로서는 유일하게 세계 5대 강대국 대열에 들게 되었다.

일본의 뛰어난 모방성은 현재 해외에 거주하는 재미동포를 비교하면 쉽게 이해가 간다. 중국은 이미 서부개척기인 1848년 캘리포니아에 금광이 발견되고 1869년 완성된 미국 횡단철도의 노동자로 간 사람들이다. 한국과 일본은 그 후 파인애플 농장 등에 노동자로 간 사람들이 대부분이었다. 그런대 중국과 한국은 보수성 때문에 미국사회에 파고들지 못했으며 일본인들만이 미국사회에 잘 적응하여 현재 미국인들의 평균수준에 도달하고 있다. 반면에 중국인이나 한국인들은 자신들이 뭉쳐서 차이나타운이나 코리아타운을 중심으로 활동을 할뿐 미국사회에는 겉으로 맴도는 정도에 있다. 따라서 현재 미국사회 특히 하와이등에는 일본인들의 영향력이 상당하다. 이외에도 페루 등 남미에서 일본인들의 영향력을 행사하고 있다. 이러한 점을 감안할 때 일본이 가지고 있는 사교성과 모방성은 동양 삼국 중에서 가장 뛰어나다고 할 수 있다.

미국이 자랑하는 프런티어는 가족주의가 아닌 개인주의를 바탕으로 한 협동 정신에 의한 개척정신이라고 규정하고 있다. 미국의 프런티어와 일본의 강한 애국심은 같은 맥락에서 생각 해 볼 수가 있다. 그러나 일본의 가미가제 정신은 미국의 프런티어와는 근본적으로 다른 차원에서 이해하여야 한다. 가미가제나 프런티어는 국가 팽창정책으로부터 일본과 미국인들의 기질을 형성하게 되었다. 그러나 일본의 가미가제는 단순히 개인의 무모한 애국심을 바탕으로 하고 있지만 미국의 프런티어는 개척기에 최소의 노력으로 최상의 효과를 노리는 실용주의 사상을 바탕으로 하고 있다. 미국인들의 성공모델은 일본이나 유럽과는 다른 실리적인 차원에서 접근을 하기 때문에 성공을 한 것이다. 현재 한국을 비롯한 세계 각국들에게 자유무역 개방협정을 요구해 나가고 있다. 미국과의 무역협상 줄다리기에서 자칫하면 미국의 전략에 휘말려 들어갈 승산이 크다. 미국은 유럽인이나 러시아 및 일본인들과 다른 개척기에 만들어낸 미국 특유의 실용성을 가지고 있다. 미국의 사물에 대한 실용적인 접근법과 다른 나라들의 접근법을 비교해 볼 필요가 있다.

미국과 같은 문화적 뿌리를 둔 영국인, 프랑스인, 독일인과 러시아인, 일본인들의 사물에 대한 접근방법을 알기위해서 그들에게 오스트레일리아에만 거주하는 동물 코알라에 대한 2개월 기간의 연구 과제를 준다고 하면 이들 나라 사람들은 어떤 반응을 보일까.

영국인들은 영국의 경험주의를 바탕으로 한 국민성 때문에 우선 그들은 코알라의 원산지인 호주로 비행기를 타고 직접 간다. 호주로 간 영국인들은 코알라의 생활을 매일 직접 관찰을 해서 연구 보고서를 작성한다. 다음으로 독일사람 들은 도서관으로 가서 코알라에 대한 방대한 양의 기초자료를 모아서 그 자료들을 자세하게 분석을 한 다음 거대한 분량의 논문을 작성한다. 이러한 접근방법은 독일인들만이 가지고 있는 관념론에 의존하고 있다. 독일이 실용과학보다 기초과학과 철학이 발달한 원인은 바로 이러한 기초를 중시하는 관념주의 사상에서 나온 것이다. 다음으로 프랑스사람들은 2달 동안 가만히 있으면서 다른 일에 열중을 하다가 마지막 날이 가까워져서 급하게 코알라가 있는 동물원으로 가서 코알라에게 먹이도 주고 해서 코알라의 습성을 파악하고 급하게 간단명료한 보고서를 작성한다. 이것은 프랑스인들이 가지고 있는 기발한 기지 등을 알 수가 있으며 불란서 문학이 세계에서 가장 발달한 원인도 이러한 그들의 재치에 기인한다고 할 수 있다. 다음으로 러시아인들은 어떻게 할지 망설이면서 많은 시간을 소비한다. 프랑스인이나 독일인들의 중간정도의 노력으로 문제를 이해해서 보고서를 제출하며 절대로 다른 사람과 협상을 하지 않고서 남이 알지 못하도록 자신만 혼자서 주관적으로 판단해서 코알라를 대한 보고서를 작성한다. 얼마 전까지 몰락을 전혀 예상하지 못하면서 크레믈린이라고 불리는 도전국인 소련이 밖에서는 내부의 사정을 전혀 몰랐던 것은 겉으로는 뽐내기만 했지 속사정을 드러내지 않는 러시아 민족성 때문이다. 일본인들은 뛰어난 사교성과 모방성을 이용하여 그들에게 친절하게 접근하여 영국이나 미국, 러시아 등 다른 나라 사람들이 접근하는 방법을 물어보고 그중에서 가장 좋은 방법을 골라서 연구를 하여 보고서를 작성한다. 이것은 일본인들이 가지고 있는 뛰어난 모방성을 알 수가 있으며 일본이 20세기 초부터 동양국가로서는 유일하게 서양 강대국들과 겨루게 된 원인은 바로 서양의 장점을 잘 모방하였기 때문이다. 그러면 마지막으로 미국은 어떠한가.

미국인들은 영국인들이 가지고 있는 경험주의에다 실용주의를 첨가한 방법으로 접근을 시도한다. 코알라에 대한 과제를 접하게 되면 우선 미국인들은 영국인들이 하던 방법으로 호주로 비행기를 타고 날아간 다음 동물원 주변에 실험실부터 만든다. 실험실을 만들고 만들지 않고 가 영국인들과 다른 점이다. 실험실부터 만든 다음 동물원에 가서 코알라를 관찰하고 실험을 해서 그 결과를 토대로 연구 보고서를 작성한다. 전쟁을 하는 경우에도 전차가 다닐 수 있는 도로부터 닦아놓고 다음으로 서로 통신을 교환 할 수 있는 방송안테나 기지국부터 설치하고 나서 전쟁을 준비한다.

이상 예를 들어서 설명한 각국들의 민족성을 이해하고 민족성을 토대로 한 과학적인 방법으로 접근을 하여야만 세계화 시대에 살아남을 수 있다. 우리에게 중요한 것은 전세계의 모든 나라가 다 우리의 경쟁상대국이기는 하지만 특히 지리적으로나 지정학적으로 우리주변에 있는 4대 강대국의 경제 및 안보정책을 그들의 민족성과 연계하여 분석하여 한발 앞선 정책을 추구해 나가야만 한다.

과거역사에서 일본이 동양 국으로 유일하게 세계 대전에 참전하고 한국을 식민지화한 사실을 보면 일본의 군사 대국화에 대해서 경계를 하여야 한다.

역사학자이자 국제정치학자인 카는 인류는 과거의 역사와 현재의 역사를 바탕으로 미래의 역사를 예상할 수 있다고 한다. 과거의 경험을 토대로 하여 현재 미국과의 관계와 일본 및 중국과의 관계도 급속하게 주변 정세에 맞추어서 변화를 추구해 나가지 않으면 과거 일본과 중국에게 당했던 것과 똑같은 결과를 초래하게 된다.

국제관계는 영원한 적과 동지는 존재하지 않는다. 서로의 이익을 위해서 오늘의 적이 내일의 동지가 될 수 있다. 현재 동북아 국가들은 미국과의 관계부터 재조명해야 만 한다. 미국이 현재 위기에 처해 있어서 쇠퇴의 길로 들어서는 것을 떠나서 북한과의 관계를 염두에 두어야 한다. 우선 미국이 쇠락의 길로 들어서고 있다는 사실들을 규명하기에 앞서서 미국이 적극적으로 나서서 막고 있는 북한의 핵개발과 미국의 대응에 대해서 잠간 언급하고 나서 한미관계와 미국역사 몰락에 대해서 사상사적 접근법과 역사적인 시각에서 분석할 필요가 있다.

◎ 미국과 핵 확산금지 정책

현재 북한과 미국과의 관계는 심각할 정도로 복잡한 관계에 있다. 미국이 북한의 핵개발에 대해서 적극적으로 나서는 이유는 한국과 일본의 안보보다는 미국의 안보와 직결되기 때문이다. 또한 미국의 패권국으로서의 몰락과도 직결되기 때문이다. 미국이 핵문제만 나오면 항상 긴장하는 원인은 미국이 세계 최초로 핵무기 보유국이며 핵무기를 이용하여 2차 대전을 조기에 종결시켰다. 2차대전 직후 미국이 추구한 안보전략은 국제사회에서 미국을 제외한 핵보유국이 없도록 하는 일이었다. 미국은 당시 원자탄 개발에 기여하여 원자탄의 아버지라 불리는 오펜하이머 등 물리학자들이 핵 기술을 전파하지 못하도록 철저하게 감시를 하였다. 미국의 목숨을 건 노력에도 불구하고 4년 후인 1949년 소련이 원자탄 개발에 성공을 하였다. 소련의 핵무기 보유는 미국이 패권국으로의 권위가 상당히 위축되었다.

소련의 핵무기 보유로 인해서 미국은 안보적인 상황에서 동반자 역할을 하는 영국만 핵을 가지기를 원했다. 그러나 유엔의 5개 상임 이사국인 미국, 소련, 중국, 영국, 프랑스의 5개국 모두가 핵보유국이 되었다. 여기에다 소련과 미국 진영에 서지 않고 독자적인 행보를 원했던 비동맹국 인도와 파키스탄 및 남아공이 핵보유국으로 등장하게 되었다. 이중에서 남아공은 스스로 핵을 없애면서 현재 핵보유국은 아니며 대신에 미국의 도움으로 팔레스타인과 치열한 전투를 벌이고 있던 이스라엘이 핵보유국으로 등장하게 되었다. 따라서 현재 국제사회에서 공식적으로 알려진 핵보유국은 8개국으로 되어있다.

미국은 국제사회의 평화와 질서를 위해서는 핵 확산금지를 절대적으로 내세우고 있다. 미국의 이러한 노력에도 불구하고 북한이 확실한 증거는 없지만 핵을 보유하기 위해서 노력을 하고 있다. 북한이 핵보유국이 되면 미국의 안보는 바로 심각한 상황에 처하게 된다. 북한은 핵을 이용하여 같은 민족인 남한에 대해서는 대량인명 살상행위는 차마 할 수가 없다. 그 이유는 같은 배달민족의식 때문이다. 그러나 미국과 일본에 대해서는 다른 입장이다.

북한의 핵 기술은 미국의 적대국이자 미국의 확산금지에 대항해서 북한과 동반자 관계를 유지하고 있는 이란 및 쿠바 등에게 바로 전달될 가능성이 크다. 특히 쿠바는 미국의 마이애미와는 70마일밖에 떨어져 있지 않다. 앞장에서 설명했듯이 미국은 과거 1962년 소련의 쿠바에 미사일 기지 설치를 두고 소련과의 갈등으로 인해 세계 대전까지 갈 뻔한 쿠바 미사일 사건을 기억하고 있다.

과거의 인류의 역사를 통해서 볼 때 패권국 로마가 몰락한 원인중의 가장 큰 요소는 주변 야만 국가들의 작고 잦은 침략행위로 인해서 민심이 동요되고 나라가 혼란에 빠져서 결국 몰락하게 되었다. 패권국 영국도 역시 주변 식민지 국가들의 잦은 동요와 소란으로 인해서 국력이 급격하게 쇠퇴하게 되었다. 미국에게 또다시 9.11 테러와 같은 사건이 일어나면 미국의 패권국으로의 위상이 추락하는 것은 말할 필요도 없으며 미국의 생존 자체가 위협을 받게 된다.

미국은 영국과 이스라엘을 제외한 핵 보유 국가에 대하여 핵개발을 적극적으로 막았음에도 불구하고 핵개발 저지에 실패 하였다. 따라서 이러한 과거의 경험을 보면 미국이 북한의 핵개발을 시간을 끌면서 지연 시킬 수는 있어도 핵개발을 완전히 막는 것은 불가능한 상태이다. 미국도 이 사실을 알고 있기 때문에 미국의 사상을 이루고 있는 명백한 운명을 위해서 미국은 북한과 이란에 대해서 과거의 인디언과의 전쟁이나 이라크 및 아프간 전과 같은 전쟁을 일으킬 가능성도 전혀 배제할 수 없다.

◎ 명백한 운명

미국의 역사는 명백한 운명을 앞세워서 정확하게 400년간 지속되어 나오고 있다. 명백한 운명은 악의 화신 사탄이 바벨탑을 세워서 하늘나라로 올라가는 것을 막아야 할 의무를 지니고 있다. 따라서 명백한 운명은 악을 명분으로 내세워서 악을 제거하는 역사라고 규정할 수 있다. 미국의 역사는 지금부터 정확하게 400년 전인 1607년 최초의 담배농사를 위해서 버지니아에 도착한 이래 시작되었다. 그러나 1492년 컬럼버스가 아메리카 대륙을 발견하기 수천 년 전부터 원주인 인디언들과 버팔로들이 살고 있었으며 당시 아메리카 대륙 전체에 1천만 명의 인디언과 약 2천만 마리의 버펄로는 불과 300백년 만에 거의 멸종 되었다. 이것은 미국인들이 생각하는 명백한 운명에 위배되는 인종이며 동물이라고 여겼기 때문이다. 1618년의 독일 신성로마 제국에서 일어나서 30년간 지속된 종교전쟁은 이년 후 1620년 미국 역사의 기원을 만드는 필그림스 화더스라는 캘빈파의 종교집단을 선조로 모시고서 미국 역사는 시작된다.

전통을 중시하는 유럽의 역사는 많은 제약의 연속에서 헤어나지 못하면서 동시에 수도사 문화라는 낡고 오래된 문화를 버리지 못하게 되면서 유럽은 서로간의 견제 속에서 기존의 틀과 사고방식에서 벗어나지 못하고 있었다.

신천지 미국은 크기 면에서 벌써 유럽국가 전체를 합쳐 놓은 것과 같은 정도로 넓게 자리를 잡았으며 무엇보다도 전통이라는 규제에 얽매이지 않았다. 누구나 노력을 하면 성공을 할 수 있다는 아메리칸 드림은 유럽에서는 상상도 못하는 현재 미국 디즈니랜드의 트레이드마크인 미키마우스 쥐가 고양이를 이길 수 있다는 열정을 가지고 역사가 전개되어 나갔다. 전 세계 천연자원의 4분의1에 해당하는 비옥한 옥토를 발판으로 미국의 역사는 유럽과는 다른 선이 굵게 뻗어 나갈 수 있었다. 유럽인들보다 월등하게 풍부한 자원은 미국인들이 하느님으로부터 선택받은 지상의 젖과 꿀이 흐르는 가나안땅으로 여기게 되었으며 하느님에게 축복을 받기 위해서는 명백한 운명을 위해서 정의를 실현해 나가야 한다는 믿음을 가지게 되었다.

미국의 독립전쟁도 영국이 자신들이 추구해 나가는 하느님으로부터 물려받은 명백한 운명에 거역되기 때문에 반드시 싸워서 이겨야 한다는 생각을 가지게 되었다. 따라서 독립전쟁을 주도해서 승리로 이끈 조지 워싱턴을 구약에 나오는 모세에 비유하였다.

미국인들이 가지고 있는 명백한 운명은 종교적으로 기독교를 믿는 집단은 포용하여 동지로서 맞았으며 그렇지 않은 민족은 명백한 운명에 위배되기 때문에 심판을 받아야만 한다는 생각을 가지고 있었다. 자연을 숭배하는 종교를 믿고 기독교를 거역하는 인디언에 대해서는 아무런 죄의식을 느끼지 않고서 제거해 나갔으며 이슬람교 등 다른 종교를 가진 인종에 대해서도 미국의 역사는 허용을 하지 않았다. 종교를 인정하지 않는 공산주의 사상을 가진 국가나 이슬람교를 믿는 국가에 대해서서 너그럽게 용서를 하지 않았다.

새로운 가나안땅 신천지를 개척해 나가는 데에는 유럽인들이 버리지 못하고 그냥 들고 다니는 여러 가지 짐을 버리고 아담이 에덴의 동산에 새로운 호기심을 가지고 찾아나서는 것처럼 그들은 정착하는 마을마다 '새로운'이라는 영어의 'New'라는 말을 붙었다. 현재 미국에는 영국의 요크라는 이름에서 나온 뉴욕을 비롯하여 뉴저지, 뉴헤븐 등 뉴라는 도시의 이름이 많은 것은 바로 이러한 이유 때문이다. 이러한 가나안 땅 신천지에 그들이 행복을 끝까지 유지할 수 있게 하기 위해서는 진리나 정의의 편에서 서야 한다는 것을 명백한 운명이라고 생각하였다. 따라서 후의 노예 해방운동 등도 명백한 운명과 같은 맥락에서 이해 할 수 있다. 노예해방으로 인간의 평등을 위해 암살된 에이브라햄 링컨은 예수에 해당 할 정도로 미국 역사에 초대 대통령 조지 워싱톤과 함께 존경받는 대통령으로 자리를 잡고 있다.

초기 유럽으로부터 이주해온 사람들은 하느님이 준 젖과 꿀이 흐르는 가나안 땅 신천지 지상낙원을 지키기 위해서 철저하게 금욕생활을 요구해 왔다. 그들은 지상낙원인 언덕위의 도성을 만드는 것이 명백한 운명으로 생각하면서 1636년 최초로 목사양성 교육기관인 하버드 대학을 설립하였다. 하버드 대학을 설립한 사람들이 대부분 케임브리지 대학 출신이기 때문에 케임브리지의 교육제도를 따고 학교가 있는 장소의 이름도 케임브리지라고 불렀다.

그러나 문제는 신천지 가나안 땅에서의 그들에게 필요한 것은 풍요로운 삶 보다는 도덕적인 삶이 명백한 운명에 부합한다고 생각했지만 생존을 위해서는 돈의 가치와 필요성이 유럽인들보다 더욱 중요하게 되었다. 다시 말하면 도덕성을 중요시하면서 물질적으로 풍요롭게 사는 삶의 추구는 초기의 그들의 선조들이 원했던 것과는 다소 차이가 있기는 했지만 청교도 사상에서 물질의 중요성을 가미시킨 실용주의는 영국에서 시작된 산업혁명을 미국에서 더욱 발전시켜 마무리 짓도록 하였으며 동시에 더욱 물질적인 풍요로운 사회로 만들어 가게 되었다. 실용주의는 교육과 철학에도 적용하여 순수한 철학에 인간의 필요악인 돈을 집어넣으면서 유럽철학으로부터 미국의 실용주의는 많은 비난을 받게 되었다.

명백한 운명은 모든 국가와 민족에게 똑같이 적용될 수 있으며 또한 적용되어야만 한다는 생각이다. 그들이 대표하는 가치가 인간의 해방과 자유와 존엄성을 확실하게 구현하고 보장해 줄 수 있다고 생각하였다.

따라서 명백한 운명 앞에는 악은 반드시 없애야만 하는 존재이자 장애물인 것이다. 미국은 개척 초기에 미국의 서부 개척을 방해하는 인디언을 악으로 생각하고 잔인하게 제거하는 것에 대해서 당연하게 생각하고 전혀 양심의 가책을 느끼지 않았다. 대량살상무기가 없다는 것을 확인하고서도 후세인 정권을 제거한 것에 대해서 양심을 가책을 느끼지 않는 이유도 악은 반드시 제거해야만 한다는 미국인들만이 가지고 있는 생각 때문이다. 80년대 시작되면서 레이거노믹스에 의한 고전공리주의자 존 스튜어트밀의 최대다수의 최대행복의 신 공리주의를 바탕으로 소련과의 군비경쟁을 벌이면서 사실상 전쟁을 선포한 레이건 대통령은 소련을 악의 국가라고 말했다. 이 말은 소련과의 전쟁을 의미한 것이다. 부시 역시 북한을 악의 축이라고 규정한 것은 북한과의 전쟁수준의 강한 메시지인 것이다. 미국인들이 말하는 악은 반드시 없애야만 한다는 것이 그들이 가지고 있는 명백한 운명인 것이다.

미국인들의 악의 개념

미국인들이 가지고 있는 악이라는 개념은 문화적으로 뿌리를 같이한 유럽인들이나 같은 기독교를 정신을 바탕으로 한 유태인들과는 완전히 다른 생각을 하고 있다. 미국인들은 유럽인들이 가지고 있는 수도사 문화를 버리고 존 로크의 사상인 자유주의 하나만 들고 출 유럽행을 하였기 때문에 피타고라스의 '만물의 척도는 인간이다.'라는 말을 모르고 있었다. 따라서 그들은 인간이 가지고 있는 다양성을 이해하고 못하고 있다.

유럽인들이 낡고 필요 없는 문화를 가방에 들고 다닐 정도의 여유로움을 가지고 있지만 미국인들은 '도 아니면 모'라는 극단적인 방법을 택하고 있다. 유럽인들은 천국과 지옥과 연옥을 구별하여 대죄를 지었더라도 뉘우치고서 다시 천당으로 가는 연옥이 존재한다고 믿고 있다. 따라서 연옥은 지옥에 가는 도중에 회개하여 다시 천당으로 갈 수 있는 기회가 있는 것이다. 그러나 미국인들에게는 천당 아니면 지옥이지 연옥은 없다는 것이다. 미국은 1차대전과 2차대전을 통해서 독일을 비롯한 패전국들에게 전쟁의 보상을 요구하지 않은 이유가 바로 선과 악을 구별하여 응징한 후에는 그것으로 끝났다는 생각에서 나온 것이다. 그런 다음 미국이 만들어놓은 제로섬 게임의 이분법에 맞추어서 자신들의 편에서는 국가에 대해서는 선으로 간주하여 도와주었다. 독일과 일본 등 모든 1차와 2차 대전의 패전국에 대해서 비록 자신들과 전쟁은 하였지만 자신들이 생각하는 명백한 운명을 위해서 동참한다는 생각 때문에 전쟁 후에 도와준 것이다. 그러나 소련은 전쟁 전에는 같은 동지였으나 자신들이 만들어놓은 명백한 운명의 기준에 벗어난다는 명목으로 악으로 규정하여 적국으로 생각하고 없애려고 노력을 하였다.

유럽인들은 자신들도 악의 화신이 될 수 있다는 생각을 가지고 있다. 유태인들도 자신들은 불완전한 인간이기 때문에 악인이 될 수 있다는 것이다. 그러나 미국인들은 자신들은 결코 악인이 될 수 없다는 것이며 이점이 유럽인이나 유태인과 다른 점이다. 미국인들은 출 유럽이 바로 구약에 나오는 모세의 탈 애급에 비유하고 있으며 유럽인들을 구약의 이집트인에 비유하고 있으며 신 예루살렘은 바로 미국 안에 있다고 믿었다. 또한 미국인들은 유태인들이 수천 년 동안 떠돌이가 된 원인은 하느님의 아들인 예수를 배반하여 죽였기 때문에 악의 대가를 치른다는 생각을 하고 있다.

◎ 미국의 호감도

미국이 국제사회에서 점차적으로 매력을 잃어가면서 특히 조지 부시 대통령을 전쟁광이라는 말과 함께 오로지 군사적인 힘에만 의존하고 있다는 비난을 면치 못하고 있다. 군사적인 힘보다 더 강한 힘이 미국에 대한 신뢰도와 미국에 대한 호감도와 매력이다. 미국이 군사적 힘을 이용하여 예방차원에서 선제공격을 하여 전 세계인들에 미국의 군사력이 강하다는 것을 보여줌으로서 세계인들을 위협을 할 수는 있다. 그러나 그 반면에 세계인들이 미국에 대해서 가지고 있는 호감 도는 떨어지게 되었다. 호감도 저하는 반미감정과 직결되어져 있다.

이라크 전쟁에서 정신적 지주인 로마 교황청과 군사적 동반자인 영국인들의 반대와 세계 여론 기관인 유엔의 반대를 무시하고 이라크에 대한 대량살상무기 보유를 명목으로 선제공격을 하여 수주일 만에 완승을 거두었다. 그러나 대량살상 무기는 존재하지 않았으며 세계 여론은 미국에 대한 비난과 함께 미국은 이라크에서 월남전에서 게릴라들의 도전과 같은 테러리스트들의 폭탄테러 등에 점점 더 빠져 들어가고 있다. 미국이 잘못 대응하는 경우 제 2의 월남전과 같은 결과도 배제할 수가 없는 상황에 있다. 월남전에서의 미국의 철수는 결국 미국이 패권국에서 물러나 미소 양극체제에서 미국이 중국과 유럽 및 일본의 5개 힘으로 분산되어 버리는 다극 체제의 길로 들어서게 되었다. 이라크 전쟁 등을 비롯하여 미국의 과잉 전쟁 반응은 국제사회를 미국 유일의 단극화 체제에서 과거의 다극화 체제로 변화하는 현상을 초래 할 가능성도 크다. 현재 중국과 러시아 및 프랑스를 비롯한 유럽통합 국가들은 미국의 독주를 견제하고 나서서 단극체제에서 다극체제로 전환하자는 움직임을 보이고 있어서 미국 패권주의에 브레이크를 걸고 있는 현상이다.

앞에서 언급한 카의 말과 같이 한국은 과거와 현재의 미국과의 관계를 바탕으로 하여 앞으로 관계를 신중하게 대응해 나가야만 한다. 과거의 미국과의 관계에만 의존하는 틀에서 벗어나는 변화를 추진하지 않는 경우 한국은 우물 안 개구리가 아닌 끓는 물속의 개구리가 되어서 자신도 모르게 삶겨서 죽어 버리게 된다. 우물 안 개구리는 과거의 미국의 우물 안에 있으면서 발전은 없지만 생명은 유지할 수 있었다. 그러나 현대는 주변 환경이 빛의 속도로 변화되어지고 있다. 국제관계도 마찬가지다. 만일에 우리가 미국의 그늘에서 벗어나서 변화를 추구해 나가지 않는다면 우리는 주변의 변화를 의식하지 못하면서 서서히 삶겨서 죽어버리게 된다. 특히 한국은 2차대전이후 반세기가 훨씬 넘었음에도 불구하고 남북분단이라는 특수한 상황 때문에 국제사회에서 패권국인 미국으로부터 안보적인 차원에서 미국의 우산 속에서 벗어나지 못하고 있으면서 미국의 그늘에서 벗어나는 일을 큰 모험으로 생각하고 있다. 일부 구세대들은 안보적인 차원에서 탈 미국은 제 2의 한국동란을 초래한다는 극단적인 생각까지 하고 있다. 6.25를 경험한 대부분의 구세대들은 레드 콤플렉스에 걸려있는 사람들이다. 이들 대부분은 냉전시대에 미국을 비롯한 자유주의 세계인들이 가지고 있었던 붉은 색을 아직도 겁을 내고 있다. 그러나 한국은 2차대전이후 미국으로부터 덕을 본 것은 사실이지만 남북분단의 원인제공과 한반도 통일에 걸림돌 역할을 계속하고 있다는 사실은 한미관계의 역사가 설명해 주고 있다.

◎ 한미관계의 역사

미국과 한국과의 관계는 19세기말 미국의 문호개방 압력에 밀려서 외교관계를 시작하였다. 19세기 말부터 동양에 밀어닥친 강대국들의 침략에 가장 큰 피해를 보기 시작한 나라가 바로 한반도이다. 지정학적 차원에서 대륙세력과 해양세력이 모두 필요로 하는 중요한 위치에 있기 때문이다. 지정학의 아버지인 매킨더가 말하는 심장부이론의 심장부 지역에 해당된다. 매킨더가 말하는 유럽대륙의 심장부는 동유럽의 폴란드이다. 지정학적으로는 한국이 바로 동북아 지역의 폴란드에 해당된다. 역사적으로 보면 폴란드가 항상 유럽강대국들의 희생물 1순위가 되었다. 2차대전이 일어나면서 히틀러는 폴란드부터 침공하였다. 그 이유는 바로 유럽의 요충지역이기 때문이었다. 한반도를 사이에 두고서 미국, 일본, 중국, 러시아의 네 마리의 고래가 동서남북에서 서로 뜯어 먹으려고 싸우고 있다.

한국과 미국과의 관계는 한반도 주변에서 한반도를 집어삼키려는 4마리의 고래중의 가장 강한 고래와의 관계에서 시작되었다. 서양의 로키 안 패러다임과 동양의 유교문화를 바탕으로 한 한미관계는 패권국 미국과 도전국 일본 간의 전쟁인 2차대전 이후부터 본격적으로 시작되었다. 그 동안 식민지 치하에서 벗어난 신생국 한국과 세계 패권국 미국과의 관계는 종속적인 차원에서의 외교관계였다. 2차대전이후 한국이 미국에 은혜를 입은 것은 사실이나 미국도 한국을 추종세력으로 끌어들임으로써 동북아에서 지리적으로 가장 중요한 지역을 발판으로 하여 냉전시대의 도전국 소련과 거대한 인구를 가진 중공을 막아낼 수 있었다. 따라서 우리는 미국과의 관계를 일방적으로 미국을 은혜를 받은 국가라는 차원에서가 아니라 상호협력관계에서 문제를 전개해 나가야 한다.

예를 들면 2차대전이 끝난 지 불과 5년 만에 일어난 한국동란은 동북아에서 막 공산화된 중공과 미국에 대한 도전국 소련이 힘을 합쳐서 패권국 미국에 도전한 전쟁이라고 규정할 수 있다. 이 전쟁에서 도전국과 패권국은 무승부 전쟁으로 끝나고 말았다. 이 과정에서 만일 북한의 침략을 막아내지 못했다면 미국은 패권국의 자리를 소련에게 물려주고 몰락의 길로 들어서게 되는 것이다. 당시의 상황에서 애치슨라인이 문제가 되어서 북한이 남침을 한 것은 사실이다. 그러나 시카고 대학의 교수이자 언론인 출신인 브루스 커밍스는 남한에서 먼저 북한을 침략했다는 남침유도설을 주장하고 있다. 이것은 당시 국제정세가 중공의 공산화로 인해서 도미노 이론과 애치슨라인의 핵심인 미국의 남한에서의 배제설로 인한 김일성의 잘못 판단 때문이다.

시카고대학의 브루스 커밍스의 논리는 국제정치학에서 사용하는 전쟁 원인설에 근거를 두고 있다. 그의 설에 의하면 전쟁이란 반드시 전쟁을 일으키는 원인을 제공하는 국가가 존재하여야 하는데 미국의 애치슨라인이 북한에게 전쟁을 도발하도록 만들었기 때문에 남침설이라는 주장이다. 그러나 북침설과 남침설을 떠나서 동북아에서 중공의 공산화로 인한 남한과 대만의 도미노 현상설과 소련의 핵무기 실험 성공 및 미국 국무장관 딘 애치슨의 애치슨라인 등 그

당시 상황으로 보아서 미국 역사에서 한국전쟁은 두개의 세계 대전과 함께 근대 미국 역사에서 가장 중요한 전쟁이었다. 당시의 상황을 남침유도설을 주장하는 커밍스의 의하면 '미국은 한국 전쟁으로 인해서 세계 패권국의 자리를 유지할 수 있었다.'라고 말하고 있다. 그에 의하면 한국 동란이 일어나기 바로 전해인 1949년은 미국이 공산주의에 밀리고 있었다는 것이다.

소련은 1949년 9월의 핵실험 성공으로 인한 미국과 함께 핵보유국이 되고 또한 소련 다음으로 군사대국인 중국이 그해 10월에 공산화 되면서 미국은 정신을 차릴 여유를 잃어버렸다. 그러나 다음해의 한국 전쟁으로 인해서 미국은 3년동안 재정비할 시간적인 여유를 가질 수 있었다. 따라서 한국동란은 미국의 패권국 유지에 효자 노릇을 한 전쟁이 되었다. 이러한 맥락에서 보면 한국은 미국이 2차대전이후 현재까지 가장 필요로 하는 중요한 동반자임에 틀림없다.

한국은 2000년대 들어서면서 월드컵 4강의 신화와 미국과 무역마찰을 일으킬 정도로 세계 시장에서 선진국들과 공급과잉 현상을 초래하는 경제대국으로 성장하였다. 초창기 일본으로부터 독립된 신생국으로 출발하여 안보적인 차원에서는 미국의 안보전략에 무임승차하는 덕분에 경제발전에 비교적 집중할 수 있었으며 이 기간에 미국이 우리의 발전에 크게 기여한 사실은 모두가 인정하여야 만 한다. 2차대전이후 상당히 오래기간동안 한국인들은 미국은 우리를 지켜주는 수호신으로 생각하고 있었다. 지금도 한국전쟁을 경험한 구세대들이 미국에 대한 향수는 그대로 남아있다. 얼마 전 한국에서 맥아더 장군의 동상 철수에 반대한 사람들은 대부분 한국동란을 경험한 세대들이다.

사실상 50년대까지 미국은 전 세계가 동경하는 지상낙원의 국가라고 생각하고 있었다. 미국은 2차대전 직후 전 세계 생산량의 거의 과반수에게 가까운 43퍼센트 정도를 생산하였다. 한국을 비롯한 자유진영의 국가들은 미국에 대해서는 부정적인 시각에서 평가하는 하는 경우는 누구든지 공산주의자로까지 생각하는 사상적인 문제까지 들먹일 정도였다.

한국과 일본은 미국의 안보우산속이라는 패권국의 바람막이는 두 나라의 경제성장에 절대적으로 긍정적인 요소로 작용하였다. 2차대전이후 패권국 미국에 대해서 독일을 대신하는 소련이 미국을 위협하기 시작하였다. 미국은 도전국인 독일과 이미 1차대전과 2차대전을 치르기는 했지만 예상하지 못했던 소련이 미국을 추격하면서 싸움을 걸어왔다. 앞에서 설명한 것과 같이 2차대전 이후 처음 일어난 한국동란은 결국 공산주의국가인 북한과 자유주의 국가인 남한의 전쟁이었으나 사실은 패권국인 미국과 도전국인 소련과의 전쟁이었다. 한국전쟁으로 미국과 소련은 무승부로 끝을 맺게 되었다. 한국동란이후 소련이 몰락하는 1990년대 초까지 미국은 도전국 소련을 상대로 국제관계를 유지해 나갔다.

테러와의 전쟁

2천 년대에 들어서면서 미국은 9.11 테러로 인해 그들의 외교정책은 테러와의 전쟁이라는 제 4차 세계 대전이라는 이름하에 군비팽창 정책을 추진해 나가고 있다. 미국은 20세기에 패권국으로 등장하면서 3차례의 세계 대전을 치렀다. 세계 제 1차 대전과 2차 대전 및 3차 대전인 소련과의 이데올로기전인 냉전을 치렀다. 세계 1차 대전과 2차 대전은 형식상 패권국인 영국과 도전국인 독일과의 전쟁이었으나 실질적인 패권국인 미국과 독일간의 전쟁이라고 규정할 수 있다. 물론 영국을 비롯한 유럽의 강대국들이 독일과의 세력균형을 위해서 벌린 전쟁 이었지만 사실은 미국과 독일간의 패권전쟁이었던 것이다. 2차대전 이후 미국은 새로운 도전국인 소련을 맞아서 치열한 전쟁을 벌였다. 그 결과 미소전쟁은 1990년대 초에 미국의 승리로 막을 내렸다.

소련과 공산권의 몰락으로 인해서 냉전은 종식되었으나 미국은 중동의 맹주인 이라크와 1차와 2차의 두 차례의 전쟁을 치르게 되면서 1차 이라크 전은 무승부로 끝을 맺게 되었으며 2차 이라크전에 미국은 후세인 정권을 무너뜨렸다. 미국은 아프가니스탄 전쟁과 이라크와의 두 차례 전쟁 등 모두 세 차례의 큰 전쟁을 치르면서 전쟁광이라는 이름이 붙게 되었다. 현재 미국은 뚜렷한 도전국이 없는 상황에서 과거 도전국 소련이 맡아서 해 주었던 몫까지 해야 하는 군비 부담에 시달리고 있다.

미국에 대한 도전국이 아직 나타나지 않는 상황에서 미국이 쇠퇴의 길로 들어서고 있으며 몰락의 위기에 들어서고 있다는 말이 나오고 있다.

미국을 옹호하는 보수성향의 학자들까지도 미국의 위기에 대해서 이야기하기 시작하고 있다. 진보성향의 학자들은 이미 1990년대 소련의 몰락과 함께 미국의 동반 쇠퇴 론을 거론하였다. 폴 케네디는 이미 80년대 말에 그의 저서 「제국의 흥망성쇠」에서 미국의 쇠퇴론을 거론하기 시작하였으며 또한 패권 순환론자 월레스틴 역시 최근 그의 저서 「미국의 몰락」에서 미국의 위기를 예언하고 있다.

이와 함께 미국의 보수진영을 대변하는 정치학자 사무엘 헌팅 톤은 한때 '미국은 전 세계를 상대로 싸워도 승산이 있다'는 말을 하였다. 그러나 헌팅 톤은 그의 저서 「문명충돌론」에서 앞으로 이슬람 문화와 유교문화 및 기독교 문화 등 문화적인 갈등과 충돌을 예상하고 미국의 위기에 대해서 거론하고 있다. 문명충돌론에다 초점을 맞춘 헌팅 톤의 이론이 9.11 테러로 인해 주목과 관심을 끌면서 미국의 많은 전문가들이 미국의 위기를 부상시키고 있다. 또한 그의 저서 역사의 종말에서 공산주의 몰락을 예상하였던 일본계 미국인 프란시스 후쿠야마는 최근 그의 저서 미국의 위기에서 미국의 위기를 예상하고 있다. 후쿠야마는 현재 미국의 정책의 중심부에 서있는 소위 말하는 네오콘의 일원이기 때문에 그의 말은 더욱 비중을 더하고 있다.

보수진영과 진보진영의 학자들 모두가 미국의 패권주의 위기를 예상하고 있다. 여기에다 최근에는 실무 경제인인 조지 소로스까지도 그의 저서 거품제국에서 미국을 거품제국으로 평가하면서 미국의 경제적 구조에 대해서 부정적인 시각으로 바라보면서 미국의 위기를 예상하고 있다. 이와 같이 많은 전문가들이 미국을 바라보는 시각이 긍정적인 시각에서 부정적인 시각으로 변화되어지고 있다.

공산주의 사상을 창시하여 전 세계인들의 삼분의 일의 국가들이 공산주의 체제를 형성하게 만든 칼 마르크스 역시 헤겔로부터 상당한 영향을 받았다. 마르크스는 후쿠야마와 정반대의 시각에서 공산주의의 승리와 자유주의의 몰락을 예상하였다. 1848년 그의 공산당 선언에서 약 80년 후에 자본주의의 몰락을 예상하였다. 그의 예언은 맞는 것과도 같이 보였다. 왜냐하면 정확하게 마르크스가 예언한 80년 후인 1929년에 자본주의의 위기인 경제공항이 일어났다. 그러나 공교롭게도 경제공항이 일어난 60년 후인 1990년에 정반대로 공산주의는 완전히 몰락하고 말았다. 마르크스의 예언은 적중하지 못했고 반면에 후쿠야마가 그의 저서 「역사의 종말」에서 예언한 공산주의의 몰락은 적중하였다. 그러면 왜 대 사상가인 마르크스의 예언이 적중하지 못하였는가.

여기에 대한 해답을 간단하게 한마디로 요약할 수 있다. 마르크스는 자본주의가 가지고 있는 경쟁에 대한 효과를 이해하지 못했기 때문이다. 자본주의가 가지고 있는 경쟁은 보이지 않는 손으로 작용하여 과학과 기술의 기하급수적 발달을 마르크스가 예상했던 경쟁이 부정적 요소가 아닌 긍정적인 요소로 작용했기 때문이다. 반면에 공산주의가 자본주의 앞에 무릎을 꿇은 원인은 인간사회에 발전의 원동력인 경쟁요소가 없었기 때문이다.

미국인들의 사상의 하부구조를 형성하고 있는 명백한 운명과 언덕위의 도성은 세계를 미국식 성공모델로 맞추어 나가고 있다. 2차대전이 끝나면서 미국은 2차대전 당시 적국이건 동지이건 가리지 않고서 명백한 운명에 맞추어서 세계를 새판으로 짜면서 동참하는 국가는 선으로 동참하지 않는 국가에 대해서는 악으로 간주하고 언덕위의 도성을 쌓아나 갔다.

2000년대에 들어서면서 미국은 미국식 성공모델의 세계화를 위해서 전 세계를 미국식 모델의 언덕위의 도성을 만들어 나가는 방안을 추구해 나가고 있다. 이 모델을 성공시키기 위해서 미국이 개척기에 사용해온 슘페터 식 창조적인 파괴를 명목으로 군사전략을 추구해 나가고 있다. 명백한 운명 앞 에서는 오직 천당과 지옥이 있을 뿐이며 중간에 회개할 수 있는 연옥은 있을 수 없으며 모가 아니면 도이지 개나 걸은 있을 수가 없는 것이 미국인들의 사상이다.

제 2 장
도전받는 미국 패권주의

◎ 도전받는 패권주의

9.11 테러이후 미국의 종말론이 진보성향의 학자들 사이에 나오기 시작했다. 미국 종말이란 미국이 러시아의 전신인 구 소련국가가 12개의 국립국가로 분리되는 것과 같이 완전히 50개주로 해체되거나 아예 없어져 버리는 것이 아니라 현재 세계 유일 초강대국의 위치에서 물러나 새로운 도전국이 나서서 미국에게 패권 도전장을 던진다는 것을 의미한다. 미국이 2000년대에 들어서면서 2차대전 이후 60년 동안 전 세계인들이 항상 환영하고 존경하던 시대는 완전히 안개 속으로 사라져가고 있다. 그 대신 미국에 대한 도전과 원성이 점차적으로 커지고 있다. 미국에 대해서 가장 적대관계를 형성하고 있던 중동 국가를 비롯하여 오리엔탈 문명국인 중국과 일본 등 아시아 국가들로부터도 도전을 받고 있다.

미국은 또한 서양의 전통문화에 같은 뿌리를 둔 유럽 국가들로부터 도전을 받고 있다. 미국과 유럽은 같은 문명에 뿌리를 두고 있으나 불과 2백년 사이에 미국은 유럽과 완전히 다른 미국 유형의 문명을 창출해 내었다. 미국은 이제 수 천 년 전통을 가진 유럽국들로부터 안보 및 경제문화적인 차원에서 도전을 받고 있다.

9.11 테러 이후 다시 부상하는 문명충돌론은 각국이 문명의 갈등이 하부구조가 되어서 정치사회 문화적인 갈등을 초래하게 된다는 것이다. 헌팅턴의 이론에 의하면 9.11 테러도 근본적으로는 서구문명과 이슬람 문명간의 충돌로 간주할 수 있다.

21세기가 시작되면서 9.11 테러 등 크고 작은 테러와 아프간과 이라크 전쟁 등을 거치면서 이라크에 주둔하고 있는 자유해방군과 이라크 국민들 사이에 전쟁이 계속되고 있다. 이라크전쟁은 미국이 후세인을 제거하고 군사적인 승리는 가져왔지만 이라크 인들이 가지고 있는 미국에 대한 거부감은 그치지 않고 그대로 계속되고 있어서 그들의 저항을 어떻게 누그러뜨리는 가가 문제가 되고 있다. 또한 이라크와 수년 동안 패권다툼을 계속해 왔던 미국의 저항세력인 이란에 대해서도 미국이 어떻게 처리해야 하는지에 대한 문제가 그대로 남아 있다. 리비아가 미국의 공격으로 고개를 숙이고 있지만 언제 다시 미국에 대해서 테러행위를 할지 미지수이다. 미국은 이라크전을 끝으로 하여 중동과의 전쟁이 끝난 것이 아니라 이제 시작단계에 들어선 것이다. 또한 미국이 가장 신경을 곤두세우는 동북아에서의 북한의 핵무기

개발과 북한의 핵기술을 이란 등 중동국가에 전파하여 중동 전역에 멀지 않은 장래에 핵무기 보유 가능성 문제 등이 현재 대두되고 있다.

21세기에 들어오면서 지구는 혼란을 거듭하고 있다. 9.11 테러 이후 미국이 테러와의 전쟁을 선포하면서 전 세계는 혼란과 혼동 속으로 빠져들고 있다. 걸프전 때와는 달리 전 세계의 대부분의 국가들이 미국의 침공에 대해서 제동을 걸고 나섰다. 걸프전 당시 미국은 많은 국가들의 지원을 받아서 이라크를 침공하였으나 이번의 전쟁에서는 석유산업과 관련된 다국적 기업 및 영국과 호주 등으로부터 경제적이며 군사적인 지원을 받아서 겨우 전쟁을 치렀다. 특히 미국과 군사적으로 동맹관계를 유지해오는 터키로부터도 영공을 통과하는 허용권을 거부당하였다.

1991년의 걸프전과 이라크전을 비교해볼 때 미국이 강대국들로부터 거부를 당하는 것은 미국의 패권주의에 대한 견제도 있지만 그보다도 미국의 패권주의 시대가 서서히 사라지면서 강대국들로부터 도전을 받고 있다는 것이다.

미국이 2차대전 이후 60년 동안 지속되어온 패권주의가 도전을 받고 있는 요소들은 무엇인가.

이론적인 차원에서 패권 순환론에 관한 이론을 생각해볼 수 있다. 패권순환론은 장파이론이라고도 하며 국제관계에서는 경제학에서 콘트라디에프의 장기순환론에 해당한다. 이 이론의 대표적인 학자는 모델스키를 들 수 있다. 모델스키에 의하면 국제관계에서 패권국은 100년을 주기로 등장하였다가 소멸되고 다시 재등장하는 주기가 반복된다는 것이다. 모델스키의 의하면 패권국의 시기와 동요의 시기와 도전국의 도전시기와 세계대전의 시기의 4단계로 나누고 있다. 패권국의 시기에는 전 세계는 패권국의 도움으로 세계 안정화를 유지하면서 각 국가들은 평화와 번영을 누린다는 것이다. 그러다가 동요의 시기가 되면서 전 세계는 혼란 속으로 빠져 들어가면서 도전국이 나타나서 패권국에 대해서 도전장을 던지면서 세계대전으로 번져서 또 다시 패권국이 등장하여 세계는 평화와 안정을 유지해 나간다는 것이다.

물론 모델스키의 이러한 분석은 단지 이론적인 차원에 불과하기는 하나 역사적인 관점에서 주목할 만한 가치가 있다고 본다. 대부분의 패권주기론을 제기하는 학자들은 패권주기가 백년 단위보다 훨씬 빨라지고 있다는 주장이다. 이것은 주변 외부환경의 변화의 이동성이 과거보다 많이 빨라지고 있기 때문이라고 주장하고 있다.

모델스키의 이론을 종합해보면 현재 미국은 패권국에서 패권동요의 시기라고 볼 수 있다. 이 시기는 아직은 완전한 도전국이 나타나지 않고 있지만 벌써 패권국으로서 몰락의 길로 들어서고 있다는 것이다. 따라서 미국이 패권국으로서 동요되고 있는 요인들을 분석해볼 필요가 있다. 세부적으로 미시적인 차원에서 패권국 동요원인에 대한 요소들을 설명하기 전에 거시적인 차원에서 미국의 몰락에 대한 원인들을 설명할 수가 있다. 미국이 몰락의 길로 들어서고 있는 주요한 요소로서는 첫째 안보적인 차원에서의 변화요소 두 번째 경제적인 차원에서의 변화요소 세 번째는 세대교체 요소, 네

번째는 기술이동의 신속성으로 인한 핵확산 통제 불능 다섯 번째는 신뢰성의 상실 등을 요인으로 분류해 볼 수가 있다.

◎ 안보적인 차원에서의 변화

안보적인 차원에서의 변화요소는 미국을 패권국으로부터 물러나도록 동요시키고 있다. 세계 2차대전 직후부터 소련이 몰락 할 때까지 전 세계는 미국과 소련의 양대 진영으로 구성된 국제질서의 체제 속에 있었다. 세계국가의 삼분의 이는 미국 안보의 우산 속에 있었으며 나머지 삼분의 일은 소련의 영향권 하에 있었다. 전 세계국가들은 모 아니면 도를 택해야하는 이른바 제로섬 게임 하에 있었다.

2차대전에서 승리한 프랑스나 영국은 물론이고 전쟁에 패한 독일과 일본, 이태리 등을 비롯하여 헝가리나 폴란드 등 동유럽 국가 등 모든 국가들은 미소 양 진영 중에 하나를 택하여야만 했다. 이중에서 일본이나 서유럽국가들은 소련의 침략에 대응할 만한 군사력이 없었다. 소련은 유럽대륙에서 지정학적으로 심장부라고 부르는 폴란드 등 동유럽 국가를 발판으로 하여 프랑스 등 서유럽국가들을 안보적인 차원에서 위협을 하고 있었다. 또한 아시아에서는 소련은 북한을 움직여서 일본과 남한 등을 위협하고 있었다. 여기에다 중국의 공산화는 미국을 비롯하여 대만 및 태국 등 동남아시아 국가들을 공산화하려는 움직임을 보이면서 이들 국가들은 더욱 더 미국에 의존하는 경향을 나타내었다.

이 시기는 서방의 자유진영의 국가들은 미국의 안보적인 차원의 행동에 대해서는 절대적인 지지와 찬사를 보냈다. 동북아에서 중공의 타이완 침입에 대해서는 강력한 경고의 메시지를 보냈고 얄타협정에 의해서 남북으로 분단된 한반도가 북한이 중공의 도움으로 소련제 무기로 전쟁을 일으키자 강력하게 대응하여 막았으며 일본의 방위를 보호하기 위해서 미국, 일본, 한국의 삼각 동맹방위 망을 구축하여 공산진영에 강하게 대처해 나갔다.

또한 일본에게 식민지로 통치를 당한 결과 악화된 한일관계의 개선을 위해서 양국 간의 회담과 중재 역할을 하였다. 그 결과 한국과 일본은 1951년부터 8차례의 회담을 통해서 1965년 드디어 화해를 하게 되었다. 여기에다 한국동란 당시 미국은 일본으로부터 군수물자를 수입하여 일본경제부흥에 결정적인 역할을 하였다. 서유럽 국가에 대해서도 마살 플랜 등을 도입하여 서유럽 국가들이 소련 등 동유럽에 대응해 나가도록 적극적으로 지원을 하였다.

따라서 2차대전 이후부터 1991년 소련이 몰락 할 때까지 미국은 일본과 서유럽 국가 및 한국 등에 대해서는 안보적인 문제에 대해서는 절대적인 권한을 가지고 영향력을 행사하였으며 어느 국가도 감히 미국의 행동에 제동을 걸 수가 없었다.

소련의 몰락으로 인해서 미국의 영향력은 급감하게 되었다. 공산주의 국가들의 위협으로 인해서 서방자유주의 국가들은 미국에 의존하던 국가안보가 소련과 공산주의 국가들의 몰락으로 인해서 더 이상 필요가 없게 되었다.

특히 소련이 해체되면서 12개의 민족의식이 강한 지역으로 분리되면서 국가들 간의 민족주의 의식이 강화되어지는 현상을 초래하게 되었다. 특히 유고 등 발칸반도 내에서 인종분쟁이 심화되면서 민족화합과 민족공동체 의식 등이 분단된 한반도와 중동 및 아프리카에까지 확산되어 나가면서 미국의 패권주의에 대한 위상은 흔들리기 시작했다.

한반도의 경우는 남북이 분단되어 공산주의와 자유주의가 첨예하게 대립양상을 보이는 세계 유일 국가이다. 미국은 소련의 붕괴이후 한반도에서는 구세대와 신세대간의 미국에 대한 시각이 크게 달라지고 있다. 신세대들 사이에서 한민족 공동체 의식이 고조되기 시작하면서 미국을 통일에 대한 장애물로 생각하고 또한 안보 면에서 과거와 같이 미국의 비중을 높이 평가하지 않고 있다.

독일의 베를린 장벽이 허물어지면서 한반도에 있어서도 국민들의 의식이 미국의존의 일변도에서 많은 변화를 초래하게 되었으며 한미공조관계와 한민족공동체의식을 동시에 수행해 나가는 데서 한걸음 더 나가서 참여정부의 신정부출범초기에는 한민족 공동체의식을 더욱 중요시하는 태도를 보이다가 한미관계가 악화되기도 했다.

일본 역시 공산주의 국가인 소련으로부터 해방되어서 미국의 안보체제에 대해서 어느 정도는 독립성을 유지하면서 동북아에서 북한의 위협과 핵개발에 대해서 일본 자체 방위능력을 할 수 있는 군대를 창설하고 핵무기도 보유할 잠재적인 의도를 보이고 있다.

미국은 세계 2위의 경제대국인 일본을 동북아에서 중국 견제용으로 이용하고 있다. 소련이 붕괴되기 이전에 동북아에서 안보중심을 한반도에다 두었다. 그러나 최근에는 한반도에서 일본으로 안보중심지를 이전함과 동시에 한반도에 배치된 주한 미군을 약 1만 명 정도 감축하여 현재 한반도에 2만 7천명 일본에 3만 명 정도의 수준으로 유지시켜나가고 있다. 앞으로 계속해서 이정도 수준의 병력은 유지해 나갈 계획이다.

중국의 경우는 비록 공산주의 체제를 유지해 나가고 있기는 하지만 안보적인 차원에서는 위협적인 존재가 아니다. 중국은 공산주의 몰락의 원인을 경제체제에다 두고서 정치체제는 공산주의 체제를 유지하되 경제체제는 자본주의 국가 체제인 시장경제체제로 바꾸었다. 중국은 형제국인 북한에 대해서 정치적으로 영향력을 행사할 위치에 있기 때문에 동북아에서의 중국의 영향력은 점차적으로 커지고 있는 반면에 미국의 영향력은 크게 감소하고 있다. 북한의 핵개발 억제 문제에 있어서 북한을 설득할 수 있는 국가는 중국뿐이다. 특히 북한은 중국이 공산주의 국가이면서 시장경제를 도입하여 성공한 모델을 북한에 적용하기 위해서 중국과는 정치적 동반자에서 경제적 동반자 관계를 유지해 나가기를 희망하고 있다.

동북아에서 소련의 몰락과 영향력이 사라지면서 점차적으로 미국의 영향력도 크게 감소할 추세로 전망된다. 반면에 중국의 영향력이 크게 증가할 전망이다. 미국이 이에 대비해서 일본을 중국의 견제용으로 이용하기 위해서 동북아에서의 미국의 발판을 한국에서 일본으로 옮겨나가고 있다.

유럽지역에서도 현재 미군이 약 6만 8천 명 정도가 있기는 하나 소련과 동유럽이 붕괴된 이후 미국의 영향력은 크게 감소하고 있다. 특히 유럽 국가들이 유럽 통합기구를 형성하고 유로화를 창출하여 미국의 달러화에 경제적으로 경쟁상대국으로 등장하면서 미국에 대한 도전국이 유럽이 될 가능성도 전혀 배제 할 수 없다. 미국에 대한 유로화는 창출은 머지않아서 유럽이 군사적으로 자국들의 통합 군대를 창설할 가능성이 크다. 이러한 경우 미국은 유럽에 대한 영향력의 감소는 물론 미국에 대한 패권 도전가능성도 예상된다.

아시아에서도 일본이 국제관계에서 행하여온 역사적인 사실들을 보면 자국의 헌법을 고치고 북한의 핵무기 개발에 대한 주변 환경의 변화 등을 고려하여 세계 강국의 군대를 창설할 가능성도 배제 할 수 없다. 일본의 경우 과거의 유럽 최강국이자 육상세력인 러시아를 러일 전쟁에서 이김으로써 세계 최강의 강대국임을 보여 주었다. 중국과의 중일 전쟁에서 승리한 역사적인 사실 등을 감안하면 경제적으로 미국으로부터 독립하여 미국 다음으로 강한 경제력을 바탕으로 하여 단계적인 수순을 밟을 것이다. 따라서 머지않아 일본은 아시아에서 중국을 견제할 군사 강대국으로 부상하여 미국에 대한 세계 패권에 대한 도전국으로 나설 가능성도 배제할 수가 없다.

이러한 관점을 종합해보면 소련의 붕괴는 미국에 대한 각국들의 안보적인 차원에서의 의존도가 점차적으로 약화되어졌으며 상대적으로 미국에 대해서 안보적인 종속단계에서 벗어나서 독립단계에 들어섰다고 볼 수 있다. 상대적으로 미국의 영향력이 상당히 감소되어졌다고 할 수 있다. 앞으로 이러한 추세로 나가면 미국은 머지않아 세계의 강대국으로부터 패권국으로 유지하는 권한에 대해서 도전을 받게 된다.

◎ 핵무기 개발에 대한 억제력 감소 요소

미국이 2차대전을 승리로 이끌면서 전쟁을 조기에 종결한 원인은 미국만이 유일한 핵무기 보유국 이였기 때문이다. 역사적으로 미국은 대륙국인 러시아의 육군에게 항상 밀리고 있었다. 그러나 육군에서 항상 중국이나 러시아에 대한 부족한 군사력에 대해서는 세계 최강의 핵무기의 보유국이라는 점이 미국의 약점을 보완해 주고 있다. 현재 핵무기를 보유하고 있는 국가는 유엔 안보리 상임이사국 5개국인 미국, 영국, 러시아, 중국, 프랑스를 비롯하여 당시 제 3세계의 비동맹국이었던 인도와 파키스탄 및 남아 공화국 등의 8개 국가이며 여기에다 이스라엘이 공식적이지는 아니지만 핵무기를 보유하고 있다고 본다. 핵을 보유하고 있는 국가는 결국 9개국 정도이지만 이중에서 남아공화국이 공식적으로 핵을 폐기 처분해 버림으로서 현재는 8개 국가가 핵무기를 보유하고 있다는 것으로 알려져 있다. 미국이 1968년 핵확산 금지조약이후 핵무기 개발억제에 적극적으로 나서기는 했지만 1974년 당시 중국과 영토분쟁에 있던 인도가 핵무기 개발에 성공을 하였으며 인도와 적대관계에 있던 파키스탄이 핵무기 개발에 성공을 거두었다. 한국도 당시 박정희 정권시절 북한에 대비해서 이휘소 박사 등 재미 물리학자들을 비밀리에 초청하여 핵개발을 시도한 적이 있었으나 미국의 영향권 하에 있었기 때문에 개발을 포기하였다.

미국은 핵개발을 추진하고 있는 국가들에 대해서 경고나 사찰단을 파견하여 조사를 하는 등 여러 가지 조치를 취하고는 있지만 더 이상의 방법은 없다. 따라서 미국이 추진하는 세계 각국들의 핵무기 개발방지 정책은 개발에 대한 지연은 시킬 수가 있다. 그러나 개발하겠다는 의도를 가지고 있는 국가들에 대해서 전쟁 등 초강경의 대응 조치를 하기 전에는 개발을 막는 것은 불가능하다.

미국은 2차대전 이후 현재까지 핵무기 문제에 대해서 가장 민감하게 반응을 보이고 있다. 이것은 핵무기의 보유국이 많아지면 많아질수록 미국의 영향력은 적어진다는 것을 의미한다. 미국이 핵무기를 가장 많이 보유하고 있다는 자체가 미국에 대한 도전을 억제하는데 큰 효과를 보고 있기 때문이다.

현재 핵무기를 보유하기를 희망하는 국가들은 미국에 대해서 적대관계를 유지하고 있는 국가들이 대부분이다. 특히 이란과 북한 등 몇 개국들은 핵무기 개발을 미국의 눈을 피해가면서 가속화 시켜나가고 있으며 미국은 전 세계의 여론을 끌어들여서 북한의 핵 개발을 억제 시켜나가고 있기는 하지만 한계가 있는 것 같다. 북한은 이대로 나간다면 머지않아서 핵보유국이 될 것이다. 미국이 악의 축으로 간주하는 이란 역시 북한 등 여러 나라와 동조하여 은밀하게 핵을 개발해 나가고 있기는 하나 미국이 강경한 군사적 조치의 응징이 두려워서 일단은 공식적으로 나타내지는 않고 있다. 이란과 함께 중동의 패권 자리다툼을 하던 이라크가 생화학무기와 함께 핵무기도 보유하고 있다는 미국의 주장과는 달리 지난 번 이라크 전쟁에서 핵무기는 없었던 것으로 판명되었다. 그러나 문제는 미국이 핵무기 개발국에 대해서 전쟁 등 강경한 대응 조치를 하는 경우를 제외하고는 전 세계적으로 핵확산을 시간적으로 지연시킬 수는 있지만 전적으로 막을 수 있는 통제력을 행사하는 것은 불가능하다.

여기에서 우리가 앞으로 다가올 21세기 중반에는 북한과 이란 리비아를 비롯한 미국과 적대관계를 가지고 있으면서 미국이 테러리스트로 규정한 국가들은 틀림없이 핵무기를 이용하여 미국에 대해서 테러행위를 할 가능성이 잠재되어져 있다. 그런 경우 9.11 테러보다 엄청난 사상자와 피해를 당할 것이 분명하며 미국은 이로 인해서 국가 자체가 몰락할 가능성도 배제 할 수 없다.

현대의 기술의 이전은 과학의 발달에 힘입어서 쉽고 빠르게 전파되어지고 있다. 예를 들면 미국 뉴욕에서 개발된 신 의술은 6개월 이내에 세계 각국의 병원에 바로 도입되어 적용되어진다. 이러한 정보의 용이성과 과학의 발달은 핵무기 기술의 전파도 쉽게 할 수가 있다.

미국이 북한과 이란 및 알케이다 등의 테러리스들과 연관을 가진 국가들이 핵개발에 성공하여 핵을 개발하는 경우 미국은 테러방지를 위해서 엄청난 경비와 미국이 주장하는 자유를 국민들로부터 빼앗아야만 한다. 동시에 미국의 군사력에 대한 권위와 영향력은 감소하며 결국 미국은 몰락의 길로 들어서게 된다.

◎ 경제적 차원에서의 패권국 몰락 요소

2차대전으로 인해서 가장 많은 혜택을 본 나라가 미국이다. 대전직후 미국의 산업은 총 생산량이 전 세계의 43퍼센트에 달했다. 이 당시 상황으로는 미국이 필요로 하는 일은 세계시장을 안정화 시키는 일과 동시에 미국이 과잉 공급한 물자를 전 세계 시장에 파는 일이었다. 다시 말하면 미국은 세계를 안정화 시켜서 전 세계를 고객으로 만드는 일이 급선무이었다. 영국이 패권국으로 있으면서 산업혁명으로 인해서 과잉 공급된 물자를 식민지 국가들을 비롯하여 세계 각국에 판로를 개척해 나가는 것과 같은 맥락에서 이해되어진다.

미국에게 필요한 경제적인 조치는 패망한 국가들을 회복시켜서 미국의 경쟁상대가 아닌 경제 파트너로 만드는 일과 저개발 국가들을 적극적으로 지원하여 경제적인 후진성을 면하게 하여 미국에 의존하는 종속적인 경제 파트너를 만드는 일이었다.

미국은 패전국에 대해서는 마살 플랜 등을 동원하여서 유럽 국가들이 2차대전 전의 상태로 회복하는데 적극적으로 지원을 하였다. 일본에 대해서도 미국은 한국전쟁이 일어나자 대부분의 물자를 일본으로부터 구입하여 일본의 경제 회복을 지원하였다. 또한 복잡하게 얽혀져서 해결하지 못하고 있던 한일관계를 조정하는 중재역할도 하였다. 한일관계의 해결은 당시 미국의 영향권 하에 있던 일본과 한국 양국의 경제 발전을 위해서는 절대적으로 필요하였다. 특히 경제적으로 한국정부는 일본이 엄두도 못 낼 정도의 식민지 통치 당시의 약탈행위에 대한 엄청난 보상을 요구 하였다. 한국과 일본은 수차례의 회담을 통해서 양국 간의 문제점의 실마리를 풀어나가지 못하였다.

일본과 한국 양국 간의 화해는 바로 동북아에서 안보 및 경제 발전의 원동력이 되기 때문에 절대적으로 필요했으며 미국에 전적으로 의존하던 한국은 경제 발전을 위해서는 일본으로부터 보상금을 받을 필요가 있었다. 한국의 경제적 보상금의 필요성과 일본의 인접지역인 한국과의 무역의 필요성은 결국 미국이 적극적으로 개입함으로써 1951년부터 시작된 한일회담은 결국 14년 만에 8차례의 회담을 거쳐서 1965년 미국의 도움으로 협정을 맺었다. 한일협정은 한국이 보상금 이용뿐만 아니라 일본의 선진화된 기술을 배우고 도입하여 한국이 70년대의 경제적 신화를 이루는데 결정적인 역할을 하였다.

일본은 전후 미국의 도움으로 60년대 초반에 이미 미국이 기대하고 예상했던 것보다 훨씬 빨리 회복하여 이미 60년대 중반에는 미국으로부터 경제적인 독립을 하게 되었다. 일본의 급속한 회복은 미국의 안보 우산 속으로 들어가면서 군사비를 비롯한 안보적인 차원에서의 비용에 대한 부담을 없애고 오로지 경제성장에만 주력을 하였기 때문이다.

미국으로서는 60년대 새로운 경쟁자가 나타난 것이다. 미국은 일본이 경제적으로 독립된 것에 대해서 가장 가슴 아파하였다. 사실상 미국이 원했던 것은 미국은 일본을 한 단계 아래의 종속적인 관계에서의 경제 파트너가 되기를 원하고 있었다. 그러나 일본이 급성장하여 미국과의 시장에서 경쟁관계에 있는 경쟁자가 된 것이다. 서유럽을 비롯한 유럽 국가들도 일본에 이어서 60년대 후반에 경제적으로 상장하여 미국과 경제적으로 경쟁관계의 국가로 나타나게 되었다.

일본과 서유럽 국가들의 상품개발 등으로 인해서 자동차 및 철강 산업무문에서 공급과잉 현상이 일어나고 일본의 제품은 미국본토에서도 미국산 물품보다 일제를 선호하는 경향이 두드러지게 나타나기 시작했다. 70년대는 미국의 언론은 일본이 2차대전 때는 군대로서 미국을 공격하였으나 이제는 도요타, 소니 등의 일제 상품을 이용하여 미국을 공격하고 있다고 말하면서 '옐로 데인저'라는 표현을 사용하였다.

사실상 미국은 70년대에는 위기상황에 처해 있었으며 패권국에서 물러날 정도의 위기가 닥쳐왔었다. 두 차례에 걸치는 중동의 오일가의 인상으로 인한 오일파동과 월남전의 패망으로 인해서 미국은 고개를 숙이고 몸을 낮추었다.

미국은 일본 및 유럽 국가들의 도전을 피하기 위해서 금본위 위주의 체제를 포기하고 달러위주의 경제체제로 전환을 하였다. 1980년대 들어서면서 미국은 모든 면에서 구조조정이 필요했다. 레이건 대통령의 레이거노믹스에 의한 새로운 경제정책은 미국이 다시 경제적으로 회복할 수 있도록 하였다. 80년대의 미국은 기업의 구조조정 등 여러 가지 고통을 감수하여 클린턴 행정부하에서는 경제적으로 번영을 누리게 되었다.

반면에 일본은 80년대에는 한국을 비롯한 싱가포르, 타이완 등의 떠오르는 용이라는 국가들과 함께 경제적인 번영을 누렸으나 90년대에는 한국의 IMF 위기 등과 함께 아시아의 위기에 타격을 받아서 성장이 주춤거리게 되었다.

서유럽의 국가들은 유럽통합이라는 새로운 방안을 만들어서 경제적인 발전을 시도하게 되었다. 유럽자체가 지역적으로 다 합쳐야 미국정도의 크기에 불과하기 때문에 모든 생산품을 하나로 표준화시켜서 하나의 단위로 통합시키는 방안이나 화폐단위를 통일하여 단일화 하는 유로화의 창출 등을 시도하게 되었다. 이러한 결과 유럽의 유로화는 미국의 달러화에 대적할 만한 강세를 보이고 있다.

결과적으로 볼 때 미국은 현재 유럽이나 일본 등으로부터 절대적인 우위의 위치에서 밀려서 서서히 도전을 받기 시작하고 있으며 특히 유로화의 등장은 상징적으로 미국에 대한 도전으로 간주할 수 있는 것이며 미국의 위상이 추락하고 있다는 것을 의미한다.

일본이나 서유럽 등의 선진국을 제외하고 중진 국 및 후진국들에 대한 미국의 위상을 점검해 볼 필요가 있다.

서유럽이나 일본은 비록 전쟁에서는 패하였지만 미국을 따라 갈만한 잠재력은 이미 가지고 있었다. 그러나 동남아시아나 아프리카 신생국을 비롯하여 저개발국가들이나 식민지에서 해방된 국가들은 미국에 전적으로 의존하여야만 하였다. 미국은 저개발국에 대한 경제적인 지원을 하여 이들을 추종 세력화 하는데 주력을 하였다. 이러한 후진국들은 미국에 대해서는 수입의존도가 점차적으로 높아졌다. 미국은 후진국들의 경제적인 성장에 필요한 부분에 대해서는 무임승차를 시켜서 많은 혜택을 주었다.

1990년대부터 미국 유일의 단극화 체제를 유지하면서 수차례의 전쟁과 테러와의 전쟁을 추진해 가면서 무역적자와 국내 재정적자라는 이중고를 겪게 되었다. 부시 1세는 걸프전에서 승리는 하였지만 많은 재정적인 적자를 초래하였기 때문에 전쟁에서는 이기고 선거에서 패배를 하였다. 클린턴 행정부도 군비감축을 시도했지만 양극화 체제에서 소련이 막아 주었던 패권국 공백을 메울 길을 잃어 버렸다.

냉전에서 소련은 도전국이자 패권국을 경제적으로 도와주는 후원자였다. 그러나 도전국이 사라진 단극체제에서 미국 자체 내에서 세금을 증가시키는 방법 밖에 없었다. 그러나 패권국의 국민으로서 소비는 증가시키고 세금은 줄이기를 원하고 있다. 따라서 미국 정부는 우선 국민들에게 세금을 늘리는 대신에 사회보장비를 삭감하였다. 그러나 이러한 미국의 임시응변책은 통하지 않고 있다.

2000년대 초에 들어서면서 미국은 군비팽창으로 인해 경제적인 위기에 봉착하게 되자 자신의 추종 국가들에 대해서 경제적 혜택을 주는 무임승차를 거부하고 미국이 겪고 있는 많은 경제적인 부담을 그들 국가들에게 떠넘기는 무역 협정을 추구해 나가고 있다. 이러한 미국의 자국에 유리한 방향으로 몰고 가는 무역협정에 대한 행동은 추종세력의 국가들과 경제적인 무역마찰을 초래하고 있다. 특히 현재 한국이 미국으로부터 압력을 받고 있는 FTA 즉 자유무역협정도 미국이 테러와의 전쟁 등으로 인한 군비팽창으로 인한 재정적자를 추종세력 국가들에게 경제적 부담을 떠넘기고 있다는 맥락에서 추정할 수 있다.

패권국인 자국민들은 세금을 올리는 것에 대해서 반대할 것이 틀림없기 때문에 약소국가에 대해서 요구하고 압력을 넣는 무역협정은 처음에는 약소국에서 반대를 하더라도 설득하기가 어렵지 않기 때문이다.

미국이 자국을 보호하는 타국과의 무역협정에서 미국이 내세우는 것은 미국이 경제적으로 가장 성공한 나라이기 때문에 미국식 경제모델을 만들어주기 위해서 무역협상이 필요하다는 설득력을 항상 앞세우고 있다.

과거의 미국과 중동과의 석유협정에서도 미국은 사막에다 세계에서 가장 성공한 미국식 모델의 건설과 미국식 교육이 국가발전에 절대적으로 필요하다는 명목으로 중동의 석유를 이용하였다. 이란의 경우 팔레비 정권에 대해서 교육과 건설의 명목으로 이란의 석유를 미국으로 가져왔으며 사우디아라비아 등도 비슷한 명목으로 이익을 취하였다. 이렇게 되자 대부분의 미국에 대해서 친미성향을 가진 중동국가들이 반미주의로 돌아서게 되었으며 미국을 경제적 약탈국가인 제국주의국가로 인식하게 되었다.

미국은 이미 1세기 전 중동의 유전을 발굴하는 과정부터 개입을 하였다. 영국 쉘 회사의 창업주인 윌리엄 녹스대쉬가 1세기 전인 1908년 이란에서 유전을 발굴한 이래 미국은 관여를 하였으며 대부분의 중동국가들은 친미정책을 추진해 나갔으나 미국이 중동에서 중립적인 입장을 버리고 같은 기독교국가인 이스라엘에 대한 적극적인 지원도 중동의 반미에 중요한 원인이다. 그러나 더욱 큰 원인은 미국은 자국 텍사스의 석유는 그대로 두고 중동의 석유들을 모조리 다 착취해 갔다는 것이다.

세계의 많은 사람들은 미국이 이라크전을 일으키는 원인을 세계에서 사우디아라비아 다음의 2위 산유국이라는 점을 강조하고 있다. 사실상 미국은 걸프전과는 달리 세계 각국들로부터 전쟁에 필요한 군비를 지원받지 못하였다. 그 대신에 다국적기업인 석유기업으로부터 상당한 경제적인 지원을 받았다. 이것은 미국이 그들에게 전쟁에 승리하는 경우 이라크의 석유 개입권에 대한 반대급부를 준다는 약속으로 군비협조를 받아내었음에 틀림없다.

미국이 자국 내의 경제적인 부담을 다른 나라에 이양시켜버리는 방법은 달러화의 환률 조정 등을 통해서 패권국이 지니는 특권을 이용하기 때문에 상당히 유리한 입장에서 무역 거래를 할 수 있다. 미국은 세계은행인 World Bank나 세계무역기구인 WTO나 국제통화기금인 IMF 등은 사실상 미국의 영향권 하에 있기 때문에 미국은 자국에 유리한 방향으로 거래를 할 수가 있다.

미국은 걸프전에서는 다른 나라의 전쟁비용분담으로 어느 정도는 전쟁비용을 줄일 수는 있었으나 지속적인 군비팽창으로 인해서 국내에서 재정적자와 또한 무역적자의 이중고에 시달리고 있다.

군비팽창으로 인한 재정적자는 미국이 테러와의 전쟁을 지속하는 한 군비가 감소할 수는 없는 실정이다. 미국은 현재 세계 각국에 대해서 수입개방 압력을 요구하고 나섰다. 이라크나 아프간에서의 전쟁에서의 승리는 일순간의 승리에 불과하며 장기적으로는 지속적으로 군대를 주둔시켜야 하며 테러를 예방하기 위해서는 엄청난 비용이 든다.

미국은 과거에는 후진국을 보호하기 위해서 상대국보호무역주의를 택하여 후진국이나 추종국가들에게 혜택을 주었으나 현재는 미국이 엄청난 무역적자를 메우기 위해서 자국중심의 자유무역을 택하고 추종 국가들에 대해서 무역개방 압력을 넣고 있다. 이러한 무역 개방은 많은 국가들로부터 비난을 받고 있다. 이러한 경우 패권국으로서의 유지해 오는 카리스마는 상실하고 위상은 추락하게 된다. 미국은 현재 많은 추종세력의 국가들을 잃어가고 있는 실정이다.

◎ 세대교체 차원에서의 패권국 몰락 요소

세대교체 요소는 미국이 패권국으로서의 몰락하는 중요한 요소 중의 하나이다. 패권국으로서 유지하기 위해서는 국제사회에서 필요로 하는 하드파워와 신뢰감이나 선호도 등을 필요로 하는 소프트 파워의 두 가지가 모두 필요로 한다. 2차대전 이후 미국은 전 세계의 모든 사람들로부터 존경을 받았으며 자유진영의 사람들이 가장 좋아하는 국가이었다. 그러나 현재 미국은 각국으로부터 반미감정이 점차적으로 고조되어져 가고 있다. 이러한 현상은 미국은 현재 하드파워인 군사력만 가지고 있지 가장 중요한 소프트 파워는 상실되어져 가고 있다는 것이다.

하드파워인 군사력의 증강은 단지 힘이 세다는 것을 과시하는 차원에서 밖에 덕을 볼 수가 없다. 힘이 세다는 것을 과시하기 위해서 미국은 경제적으로 엄청난 군사비용을 사용하고 있다. 이러한 엄청난 군비를 세계의 후진국들의 경제발전에 사용하면 수백 배의 효과를 볼 수가 있다. 또한 군사비용에 투자하는 돈은 아무런 경제적 실용성을 창출해 내지 못한다. 이러한 경제적 효용성이 없는 미국의 군사비 팽창은 결국 러시아를 비롯한 전 세계 국가들의 군비만 팽창시키고 있다.

군비팽창으로 군사력을 증강시키는 하드파워는 두 가지 부류로 분리할 수 있다. 한쪽은 미국에 대해서 더욱 더 겁을 먹고 패권국에게 절대적으로 복종의 자세를 취하는 유형의 국가이다. 예를 들면 일본의 경우 미국이 절대적으로 군사력이 강하다는 것을 알고서 미국과 밀착해서 국제문제를 해결해 나가고 있다. 얼마 전 일본의 한 고위관리인 아마야 나오히로는 '일본을 대신해서 일본이 동경하는 자리는 세계에서 부통령이 되는 것이다.'라고 말했다. 앞장에서 설명한 바와 같이 일본은 벌써 150년 전에 현재 부통령이 되는 꿈을 키우기 위해서 서양 강대국들과 밀착을 해왔다. 우리는 얼마 전 일본 고위관리의 말 속에서 일본인들의 민족성을 읽을 수 있다.

군사력인 하드파워에 대해서 또 다른 부류의 국가들은 호감도를 상실해 나가고 있다. 미국이 군사력만 앞세워서 전쟁광이라는 인식을 갖게 만들면 만들수록 미국에 대한 반발심은 더욱 더 커지고 있다. 현재 유럽의 대부분의 국가들과 오리엔탈 문명을 가진 중국과 한국을 비롯하여 대부분의 이슬람 문명국가인 중동국가들이 미국이 하드파워를 내세우는 것에 대해서 강한 반발심을 나타내고 있다.

미국의 패권 몰락과 관련하여 일반적으로 신세대와 구시대로 분류할 수 있다. 신세대는 20-30대의 젊은 층이며 구세대는 2차대전을 경험한 60대 이상의 세대와 2차대전은 비록 경험하지 못하였지만 미국이 추종세력 국가들에 대해서 혜택을 주어서 미국으로부터 혜택을 경험한 세대로 나누어 볼 수가 있다.

미국은 전쟁이 중반 이후로 접어든 이후인 1941년 12월 일본의 진주만 기습으로 인해서 참전을 하게 되었다. 미국의 참전으로 인해서 전세는 달라졌으며 아이젠하워 장군의 노르망디 상륙작전과 맥아더의 극동지역에서의 활약으로 인해서 전쟁을 우세로 몰아갔으며 결국 미국이 만들어낸 원자폭탄으로 인해서 2차대전은 종결을 지을 수가 있었다. 따라서 2차대전에서의 승리는 미국이 이끌어 내었다고 보면 된다.

따라서 2차 대전의 영웅인 아이젠하워를 대통령으로 맥아더를 세기의 영웅 시저에 비교할 정도로 전 세계인들은 미국에 대해서 열광하는 반응을 보였다. 2차대전을 경험한 세계인들과 경험하지 못한 세대들의 미국에 대한 호감도는 상당한 차이가 있다. 2차대전을 경험한 세대는 항상 미국이 중심이 되어야 세계가 안정을 찾을 수 있다는 주장이며 미국 없이는 세계의 평화와 안정을 찾을 수가 없다는 것이다. 이것은 한국이 6.25 사변을 겪은 세대와 그렇지 못한 세대 간의 차이와 같은 현상이라고 보면 된다. 대부분의 한국동란을 경험한 세대들은 미국에 대한 호감 도는 긍정적이다. 그러나 한국동란을 경험하지 못한 세대들은 미국에 대해서 부정적인 태도를 나타내는 비율이 더욱 더 높다.

한국 전쟁을 경험한 세대들은 미국에 대해서 항상 감사하는 마음을 가지고 있다. 그들은 미국이 만일에 한국 전쟁에 개입하지 않았더라면 한반도는 공산화 되었을 것이라고 생각하고 미국을 한국의 수호국으로 생각하고 있다.

현재 대부분의 제 3세계국가의 신세대들과 중년층들은 미국에 대해서 상당한 반미감정을 가지고 있다. 1980년대 한국의 급진세력에 의해서 시도된 미 문화원 방화사건은 바로 이러한 차원에서 해석할 수 있다. 1960년대와 70년대를 거치면서 대부분의 개발도상국들은 경제적인 면에서는 개발에 역점을 두면서 정치적으로는 군부독재 등 신생국형의 독재가 유행하고 있었다. 이러한 개발 독재형 국가로서는 한국을 비롯하여 필리핀 및 남미의 대부분 군부통치하의 국가들과 동남아시아 및 아프리카의 대다수 국가들이 이러한 유형의 국가들이었다.

앞에서 언급하였듯이 미국은 1970년대의 오일파동과 월남전 패배와 일본과 서유럽 국가와의 공급과잉으로 인한 경쟁에서의 패배 등으로 인해서 경제적으로 위기에 몰리게 되었다. 1980년대는 레이건 정부는 전임대통령 카터가 추진해온 민주주의를 바탕으로 하는 인권외교와의 단절을 선언하였다. 이러한 레이건의 외교정책은 미국은 세계의 자유와 민주주의를 바탕으로 한 외교정책은 추진하지 않겠다는 뜻을 밝혔다. 레이건은 경제적으로는 레이거노믹스에 의한 정책을 추진하며 외교는 힘에 의한 외교정책을 추진해 나가는 것을 목표로 하였다. 따라서 국가가 비록 독재국가일지라도 미국의 국익에 도움이 되는 경우에는 외교관계를 돈독하게 한다는 정책이었다.

당시의 외교정책은 당시 유엔대사를 지낸 여성 정치학자 진커크 패트릭의 저서 「이중 잣대와 민주주의」에서 잘 타나고 있다. 커크 패트릭은 레이건정부의 외교정책은 이중 잣대로서 국가의 이익이 된다면 독재국가도 지원을 하고 있다는 것이다.

이 당시는 제3세계의 젊은 세대들 사이에 유행하였던 이론이 바로종속이론이다. 종속이론은 현재 40대 초중반의 세대들이 학생으로 있었을 당시에 크게 유행하였던 이론이다.

한국의 전두환 정권이나 필리핀의 마르코스 및 남미의 군부독재국가들이 전부가 미국의 배후 지원 하에서 독재정치를 하고 있다는 이론이다.

종속이론의 요점은 미국은 독재국가들과 정치적으로 동맹관계를 맺어서 독재정부를 배후에서 지원을 해주는 정책이다. 독재국가들은 군인과 경찰 및 전문 관료들이 삼두마차가 되어서 국민들을 이끌어 나가며 국민들이 잘 끌려오지 않는 경우에는 군인과 경찰이 채찍을 가지고 가혹한 고문을 가해서 끌고 나간다는 것이며 이러한 독재국가들의 배후에는 미국이 조종하고 도와주고 있다는 것이다.

이러한 종속이론은 80년대 제3세계에 급속하게 확산되어서 현재까지도 미국에 대한 신뢰성을 추락시키는 결과를 초래하게 되었으며 전 세계에 반미감정을 확산시키는 결과를 가져오게 되었다.

미국이 독재국가를 지원했느냐 아니냐에 대한 확실한 증

거는 없다. 그러나 확실한 것은 미국은 70년대에 급속하게 추락한 경제를 만회하기 위해서 80년대에는 레이건의 레이거노믹스와 인권을 무시한 힘을 바탕으로 한 외교정책을 추진한 결과 미국이 다시 초강국이 된 것만은 틀림없는 사실이다.

중동의 대부분의 국가들은 미국이 제국주의 외교정책을 바탕으로 하여 자신들이 가지고 있는 석유를 다 가지고 갔다는 것이다. 호메니 정권에 의해서 주도된 미 대사관 인질 사건도 미국의 제국주의를 타도하기 위해서 일어난 사건이며 그 밖의 많은 반미에 관련된 사건들은 바로 이러한 종속이론과 레이건의 인권 경시 정책에 근본을 두고 있는 것이다.

세대교체 차원에서 보면 젊은 세대일수록 미국에 대해서 부정적인 시각으로 바라보면서 미국에 대해서 도전적인 태도를 보이고 있다. 신세대와 구세대를 비교해보면 신세대가 구세대보다 더 강한 반미감정을 나타내고 있다. 신세대들은 구세대보다 미국문화에 대해서는 더 잘 적응해 나가고 있다. 신세대들은 미국의 상징인 맥도널드에 가서 빅 맥을 즐기며 미국 음악과 나이키 신발과 미국 자동차를 선호하고 있다.

그러나 그들은 구세대 보다는 보다 독립적이고 누구에게 종속되기를 싫어하는 세대이다. 따라서 그들은 미국의 문화를 받아들이기는 하나 미국에 대해서 정치적이나 안보적으로 종속되는 것을 싫어한다. 또한 경제적인 차원에서도 대등한 입장에서 거래를 희망하는 세대들이다. 그들은 자신들이 필요에 의해서 영어를 배우고 할리우드 영화를 보는 것이지 미국을 존경해서 영화를 보는 것은 아니다.

조직적인 차원에서 보면 모든 조직이 수직라인에서 수평라인으로 이동을 하고 있다. 신세대들의 마인드는 수평라인에 의존하는 경향이 더욱 강하다. 국가와 국가와의 관계에서도 이들은 수평라인을 선호하고 있다. 전 세계의 신세대들이 미국에 대해서 거부감을 가지고 미국이 패권국으로서 영향력을 행사하는데 대해서 부정적인 시각으로 바라바고 있다. 따라서 이러한 추세로 나가게 되면 얼마 후 신세대가 국제사회에서 주역으로 등장하는 시대에는 세대교체 요소는 미국을 패권국으로부터 몰락시키는 중요한 요소로 작용을 할 것이 틀림없다.

신뢰성의 상실

미국이 세계 패권국으로 몰락의 길로 가고 있다는 것은 미국이 점차적으로 세계 각국으로부터 신뢰성을 상실해가고 있는 것도 중요한 요인으로 작용을 하고 있다. 2차대전이후 전 세계인들은 미국은 미국인 자신들보다는 세계의 평화와 안정을 위해서 일을 하고 있다고 믿었다. 특히 미국과 같은 배를 탄 자유진영의 국가들은 미국이 자유 수호를 위해서 헌신을 하고 있다고 믿었다. 그러나 9.11이후 전 세계인들의 눈에 비친 미국은 다르게 나타나고 있다.

국가와 그 국가의 민족성은 시대에 따라서 다르게 반영된다. 20세기 중반에 미국인들이 생각하는 동양인들은 다르게 생각하고 있었다. 미국인 루스 베네딕트의 「국화와 칼」에서 보이듯이 일본인들은 예의를 잘 지키고 예술을 사랑하고 국화를 잘 가꾸는 훌륭한 인품을 지닌 반면에 칼을 숭배하고 전쟁을 좋아하는 호전 성격의 이중성을 지닌 민족으로 묘사하고 있다. 이것은 작가 베네딕트가 2차대전 중 일본과의 전쟁 중에 쓴 작품이기 때문에 일본의 민족성을 당시의 외부상황에 맞추어서 민족성을 이해하고 있다. 중국의 경우도 펄벅 여사의 대지와 같은 작품에서는 중국인들은 무지하고 순박한 인간미가 넘치는 민족으로 묘사하고 있다. 그러나 중국이 공산화되고 한국전쟁들을 거치면서 미국인들이 중국에 대해서 아주 호전적이고 무지한 인간으로 간주하였다. 그러나 닉슨대통령의 중공방문과 화해로 인해 지금 미국인들은 중국인들에 대해서 과거와는 다르게 생각하고 있다.

이와 같이 그 나라의 민족성은 시대와 상황에 따라서 다르게 나타나고 있다. 미국은 2차대전 이후에는 패권국이 갖추어야 할 리더십을 어느 정도 잘 발휘하여 미국에 대한 추종세력들로부터 존경을 받았다. 소련공산주의 몰락과 함께 미국이 유일 패권국이 되면서 전 세계인들은 미국에 대한 비난의 강도가 점차적으로 높아져 가고 있다. 그 원인은 신뢰도가 점차적으로 하락하고 있다는 것이다.

일반적으로 신뢰도는 도덕성과 책임감과 업무능력으로부터 나온다. 미국이 도덕적으로 비난을 받는 원인은 미국인들이 현재 전 세계를 상대로 펼치는 군사적인 활동 등에서 세계인들은 미국의 행동에 대해서 실망을 하고 있다. 미국인들은 자국의 군인 한명의 생명을 타국의 군인의 생명 수천 명보다 더 아끼고 미군병사 한명의 희생을 이라크나 중동의 민간인이나 병사 수 천 명의 죽음보다 더욱 더 슬퍼한다. CNN을 통해서 방송되는 이러한 사실은 세계인들의 눈에는 패권국으로서의 도덕성과 책임감을 의심하게 된다.

미국의 패권국으로서의 리더십의 결여는 능력면에서도 부족함을 보여주고 있다. 패권국으로서의 능력은 단지 군사적으로만 강한 군대와 무기만 가지고 있다고 되는 것이 아니다. 그것보다도 미국에 대한 호감도 다시 말하면 소프트파워가 더욱 더 중요한 역할을 하는 것이다.

미국에 대한 호감도는 도덕성과 직결되어져 있기 때문에 지금 세계인들의 눈에 비친 국민성은 과거의 정의로운 미국으로 보여지지 않고 있다.

◎ 전쟁의 개인화와 정보공유

9.11테러로 인해서 인류 역사상 로마 이래로 가장 강하다는 미국이 아무런 조직이 없는 소수의 테러리스트들이 비행기를 납치하여 미국 국방성과 세계무역센터를 공격하여 패권국에게 큰 타격을 주었다. 9.11 테러에서 보아서 알 수 있듯이 전쟁에서 대대적인 조직을 가지지 않고서도 상대방과의 전쟁에서 이길 수 있다. 과거에는 대서양과 태평양의 거대한 자연 성벽을 넘어서 공격하는 일은 불가능하였다. 그러나 앞으로의 전쟁은 핵을 조그마한 플라스틱 통에 넣어서 운반하여 목표 지점에 가서 공격할 정도로 핵무기 운반이 용이해질 전망이다.

지구의 세계화는 전 세계를 점차적으로 좁게 만들어가고 있다. 국제정치학에서 적용하는 모델 중에서 최근 가장 많이 적용하는 모델은 연계모델이다. 연계모델은 서로 침투와 반응이 연계되어서 일어난다는 것이다. 한쪽에서 일어난 전쟁을 강 건너 불 보듯 하던 시대가 지나고 바로 전쟁과 아무런 관계가 없는 곳에까지 바로 영향을 받을 수 있다는 것을 의미한다. 다시 말하면 전쟁은 동시 다발로 일어날 수 있다는 것이다. 예를 들면 이란 등 중동의 테러리스트들이 플라스틱 통에다 핵무기를 미국의 원자력 발전소가 있는 여러 군데에 동시에 공격을 하여 미국인 수천만을 그 자리에서 살상할 가능성을 배제할 수가 없다.

손자병법에서 성동격서는 동쪽에 성을 쌓고서 서쪽으로 가서 공격하는 방법은 시대에 늦은 방법인 것이다. 세계 최대의 군사적 조직력을 가진 미국은 앞으로 점차적으로 전쟁의 개인화 시대에 들어가면 갈수록 불리한 상황에 처하게 될 전망이다. 과거에는 국가가 가지고 있는 군인의 숫자가 전쟁의 승패에 가장 중요한 요소로 작용을 하였다. 그러나 현대의 최신식 무기는 전쟁을 수행하는 군인들을 많이 필요로 하지 않는다. 우리는 걸프전과 아프간 전에서 보았듯이 미국이 조그마한 항공모함 한척에 비행기 수백 대를 실고서 현지에 가서 전쟁을 하는 것을 보았다. 현재 이러한 추세로 가면 앞으로의 전쟁은 더욱 더 군사적인 조직력을 덜 필요로 하는 개인화된 전쟁으로 변활 가능성이 커지고 있다. 따라서 패권국 미국은 개인적으로 살상무기나 핵을 가지고 도전해오는 중동의 개인화된 테러리스트들의 공격을 완전히 막는다는 낙관적인 전망은 없다.

다음으로 전쟁은 점차적으로 각국의 협조와 도움을 필요로 전쟁으로 변하고 있다. 다시 말하면 점차적으로 독불장군이 없어지는 시대에 돌입하고 있다. 지난번 아프간전쟁이나 이라크전에서 터키의 미국의 지상군 접근을 금지시키고 또한 미국 공군의 터키 영공을 통과하지 못하도록 함으로써 미국은 전쟁을 수행하기에 앞서서 상당한 곤경에 처해 있었다. 앞으로의 전쟁은 더욱 더 세계 각국의 협조와 공조를 필요로 하고 있다. 현재 미국이 추진하는 나 홀로식의 오로지 힘에 의한 전쟁방식만으로는 전쟁을 수행할 수가 없는 시대가 되어가고 있으며 현재 미국이 계속해서 같은 방식을 추진하는 경우 미국은 국제사회에서 외톨이가 될 가능성이 크다.

다음으로 정보의 독점화 시대에서 정보의 공유화 시대로 들어가고 있다. 현재 미국은 정보력 면에서 전 세계의 최강국이다. 최근의 이라크 전에서 세계 4위의 군사대국이라고 자부하는 이라크가 전쟁다운 전쟁을 한번 하지 못하고 미국 앞에 순식간에 무릎을 꿇고 말았다. 이것은 미국이 이라크보다 정보력이 월등하게 뛰어나서 사전에 미리 이라크의 주요군사 시설을 파악하고 선제공격을 하는 바람에 이라크는 힘 한번 못쓰고 그 자리에서 주저앉고 말았다. 현재까지는 정보력이 국력에서 상당히 중요한 역할을 하여 왔으며 정보력에서도 독점화 현상이 강하게 나타났다. 그러나 21세기의 디지털 혁명으로 인해서 전 세계는 정보의 공유화 현상이 일어나고 있다. 미국만이 가지고 있던 정보는 중동의 테러리스트들도 공유 할 수 있는 시대가 되어가고 있으며 정보를 독점해서는 사용할 수 없는 시대가 되어가고 있다. 따라서 디지털 혁명의 가속화 현상은 미국이나 중동의 테러리스트나 모두 비슷하게 정보를 공유하는 시대에 돌입하고 있다. 이러한 경우 현재까지 누리고 있던 정보 독점권에 대한 영향력은 상당히 감소하고 패권국으로서의 영향력은 감소할 것이 틀림없다.

미국이 추락하는 직접적인 요소와 간접적인 요소들이 많이 있다. 이 중에서 앞에서 열거한 요소들은 미국이 패권국으로서 몰락하는 직접적인 요소들을 나타내고 있다. 그러나 미국의 몰락을 초래하는 간접적인 요인들이 있다. 미국의 신뢰성이 추락하고 반미감정이 고조되고 있는 간접적인 요인들로서 첫째로 중요한 원인은 미국의 프런티어가 침략사상으로 변했기 때문이다. 두 번째 원인은 미국이 전 세계를 미국식 전체주의로 몰아가고 있기 때문이다. 세 번째 원인은 미국의 예외주의와 우월주의 때문이다. 미국의 이러한 프런티어의 침략사상으로의 변화와 미국식 전체주의 및 예외주의는 결국 미국을 국제사회에서 신뢰성을 상실하여 패권국으로서의 자리를 지키지 못하고 몰락할 것으로 예상된다.

미국이 지금 추락하고 있는 직접적인 요소와 간접적인 요소들이 많이 있다. 이 중에서 앞에서 열거한 요소들은 미국이 패권국으로서 몰락하는 직접적인 요소들을 나타내고 있다. 그러나 더욱 더 중요한 요소들은 직접적으로 눈에 나타나는 요소에 영향을 주는 간접적인 요소들도 중요한 영향을 행사하고 있다.

인류의 역사상 미국은 세 번째의 패권국의 시대를 열어가고 있다. 로마제국시대인 팍스 로마나와 대영제국 시대인 팍스 브리타니카나를 거쳐서 미국제국 시대인 팍스 아메리카나를 열어가고 있다. 이들이 몰락된 요소는 직접적인 요소들도 중요하지만 간접적인 요소들이 더욱 크게 영향을 미쳤다.

다음 장에서는 미국이 패권국으로서 추락하는 간접적인 요소인 침략사상이 된 미국의 프런티어에 대해서 설명하고자 한다.

제 3 장
침략사상이 된 미국의 프런티어

◎ 반미감정의 표출

미국의 종말을 부채질하고 있는 것은 미국에 대한 호감도의 급격한 하락을 들 수 있다. 미국의 형제국이며 동맹국인 영국에서부터 시작해서 외교안보 차원에서 우산 속에 있던 한국을 비롯하여 중국과 러시아 등 자유진영이 아닌 국가들에까지 번져나가고 있다. 2003년 미국의 이라크전쟁 이후 유럽국가 들의 미국에 대한 호감 도는 30퍼센트 대 이하로 추락하였다. 미국과 군사적인 차원에서 동반관계를 유지해 오던 영국에서조차 여론조사에서 미국의 신뢰도는 30퍼센트를 밑돌았다. 프랑스에서도 미국물품 불매운동을 벌였다. 미국에서는 프랑스어로 된 빅 맥과 같은 햄버거에 같이 먹는 감자튀김의 이름을 프렌치 프라이에서 프리덤 프라이로 이름을 바꾸어 버렸으며 세계적으로 유명한 프랑스 겨자 소스 디종과 샴페인 동 페리 농을 폐기 처분해 버렸다.

9.11테러이후 이제 전 세계는 모 아니면 도를 택해야 한다는 조지 부시 미국 대통령의 극단적인 발언은 세계인들의 미국에 대한 반미감정을 부추겼다. 제 1차 이라크전인 걸프전에서는 전 세계국가가 군비 분담 및 영공 통과의 허용 등 여러 가지 면에서 미국을 지원하고 나섰기 때문에 전쟁은 수월하였다. 그러나 아프간전쟁 이후 치러진 2차 이라크 전에서 전 세계가 등을 돌려버렸다. 모든 군비는 미국 혼자서 해결하여야 하고 미국과 군사 동맹을 맺고 있는 호주와 영국, 터키에서까지 국민들의 반발을 샀다. 특히 터키는 미군이 영공을 통과하는 것과 미 육상군의 접근에 대해서 반대하였다. 미국도 현대의 전쟁이란 점차적으로 타국의 협조없이 혼자서 군대만 가지고서는 안 된다는 것을 실감하였다. 그러나 미국은 다국적 기업은 협조를 필요로 하지만 전쟁에서는 각국의 도움은 효과가 없다는 것을 강조하고 나섰다. 미국의 이러한 국제사회에 도움이 중요하지 않다는 오만한 주장과 선제공격의 필요성과 중요성에 대해서 전 세계는 미국에 대해서 신뢰성을 잃어 버렸다. 그 결과 제 2차 이라크전쟁을 거치면서 전 세계는 반미주의가 더욱 더 확산되고 있다. 미국의 친 문화권에 있는 국가들로부터 시작해서 아랍문명국인 중동의 국가들을 비롯해서 전 세계가 미국에 대해서 반미감정을 가지고 있다.

반미감정의 표출은 나라와 민족마다 다르다. 9.11테러와 같이 미국을 공포의 도가니로 몰아넣은 테러행위로부터 작게는 미국 물품사지 않기 등 다양하게 표출되고 있다. 젊은 세대는 미국산 자동차와 미국의 팝송을 들으면서 나이키 신발을 신고 다닌다. 아이러니하게도 그들은 미국산 음식을 즐기고 미국 노래를 좋아하면서도 미국에 대해서 강한 반미 감정을 가지고 있다. 미국에 대한 반미 감정은 점차적으로 더욱 거세어지고 있다.

앞장에서도 설명했듯이 젊은 세대와 기성세대를 비교해 보면 젊은 세대가 미국에 대해서 더욱 더 강한 반미감정을 가지고 있다. 미국의 반미감정이 계속해서 확산되면 전 세계의 많은 국가들이 미국에 대해서 등을 돌리게 된다.

그러면 반미감정은 왜 갈수록 확산되어 가는가. 여기에 대한 원인은 여러 가지가 있지만 그 중에서 가장 중요한 원인은 미국의 국민사상인 프런티어가 침략사상으로 변해 버린 것이다.

◎ 미국 스스로가 만들어낸 프런티어

미국 국민의 기본사상을 이루고 있는 프런티어 사상은 무엇이며 왜 반미감정을 가지고 있는 국가에서는 침략사상으로 보는가.

미국의 역사학자들은 미국의 프런티어는 유럽의 프런티어와는 다른 미국만이 만들어낸 사상이라고 하고 있다. 미국이 개척기를 통해서 만들어낸 사상이라는 것이다. 미국의 프런티어를 이해하기 위해서는 프런티어의 근원을 알아볼 필요가 있다. 미국의 프런티어 사상은 유럽 서구사상에 뿌리를 두고 있다. 서양사상은 영미사상과 대륙사상으로 나눌 수 있다.

수 천 년을 두고 내려온 서양사상의 근원은 합리주의와 경험주의의 두 줄기로 분류 할 수 있다.

합리주의는 플라톤에서 시작해서 금욕주의 학파인 제논과 키케로를 거쳐서 중세의 토마스 아퀴나스와 근세의 존 로크 및 볼테르 등의 계몽주의 사상을 거쳐서 현대 서구사회의 인권과 자유민주주의를 중시하는 사상의 토대를 이루게 된다.

경험주의는 아리스토텔레스에서 시작해서 쾌락주의 학파인 에피쿠로스와 근세의 공리주의와 칼 마르크스 사상을 거쳐서 현대 서구사회의 전체주의와 공리주의의 기본사상을 이루고 있다.

현대의 서구사상은 다시 세부분으로 세분화되어진다. 이것은 현대의 영미사상과 유럽의 대륙사상과 실존 및 현상주의 사상으로 나눌 수 있다.

현대의 영미사상은 프란시스 베이컨을 거쳐 토마스 홉스와 헤링톤과 스피노자, 존 로크와 데이비 흄, 아담 스미스, 제미리 벤덤, 제임스 밀과 존 스튜어트 밀을 거쳐서 현대의 영미사상으로 자리를 잡아 나간다.

현대의 유럽대륙 사상은 루소와 칸트, 피에테, 쉘 링, 헤겔, 마르크스, 엥겔스, 후기 마르크스주의자들을 거쳐서 현대의 대륙사상으로 자리를 지켜나가고 있다.

현대의 제 3부분에 해당하는 실존 및 현상주의 사상은 니체, 키에르코드, 하이데거, 카프카, 야스퍼스, 후셀, 사르트르를 거쳐서 현대의 서구사상으로 자리를 잡아 나가고 있다.

미국의 전통적인 역사학자들은 미국의 프런티어를 한마디로 요약해서 유럽의 계몽주의가 미 대륙으로 옮겨지는 과정이라고 규정하고 있다. 계몽이란 말은 영어로 Enlightment 즉 불을 밝힌다는 말로서 과거의 역사와 다른 시각에서 역사를 시작하자는 의미를 가지고 있다. 계몽주의 이전시대는 암흑시대로 간주하고 계몽주의 시대부터 유럽의 역사는 무조건 과학과 기술을 숭상하는 시대로 접어들게 된다. 미국의 프런티어는 자유로운 영국인들의 사상을 토대로 한 청교도사상과 프랑스 혁명사상을 토대로 하여 유럽에서는 반대에 부딪쳤으나 미국에서는 별로 큰 어려움이 없이 전파되었다.

유럽의 계몽주의는 독일신성 로마제국에서 일어난 종교전쟁과 비교될 정도로 인류의 역사의 기원전과 기원후로 나눌 수 있다. 계몽주의 사상은 영국에서 일어난 산업혁명을 더욱 가속화 시켜서 유럽보다도 미국에서 더욱 꽃을 피우게 만들었다. 계몽주의는 인간이 암흑에서 깨어나서 신이 모든 것을 해결할 수 있다던 사상에서 과학이 인간의 모든 문제를 해결할 수 있다는 현실주의 생각으로 바꾸어지게 되었다. 계몽주의는 자연과학과 사회과학의 모든 면에서 발전을 초래하게 된다. 코페르니쿠스에서 시작해서 갈릴레오를 거쳐서 영국의 뉴턴에 이른 물리학은 인류의 농업사회에서 공업사회로 도약하는 계기를 마련하였다. 갈릴레오와 코페르니쿠스 등을 비롯하여 많은 과학자들이 새로운 시각에서 지구에 대한 과학적인 이론을 제시하면서 나중에는 인간의 창조주가 신인가에 대한 의구심까지로 발전하면서 신의 존재를 의심하는 문제로까지 번지게 되면서 발전의 속도를 더하게 되었다. 이러한 과학적인 의구심은 점차적으로 인간의 평등을 요구하는 평등주의 사회를 요구하면서 정부에 대해서 더 많은 자유와 평등을 요구하게 되었다.

세계 3대 혁명인 영국의 명예혁명과 미국혁명 및 불란서 혁명은 이러한 계몽주의 사상을 토대로 하고 있다고 할 수 있다. 요하네스 알투지우스에서 시작된 계약론은 영국 명예혁명의 이론적 근거를 제시한 토마스 홉스와 미국의 헌법의 근원을 제공하고 미국독립혁명에 원인을 제공한 존 록크의 사상과 고상한 야만인의 자연으로 돌아가기 원하면서 프랑스 혁명에 불씨를 제공한 장자크 루소의 사상은 과학의 발달과 함께 사상사적 차원에서도 한 단계 올려놓은 결과를 초래하였다.

유럽에서의 계몽주의 사상은 기존의 전통을 허물 수 없는 많은 장벽을 가지고 있었다. 유럽에서는 벗어버리기 힘든 오래된 유품들을 미국에서 쉽게 내던지고서 새로운 출발을 할 수 있었기 때문에 미국은 유럽보다 과학적으로나 사상적으로 아무런 장애물이 없이 발전의 속도를 더할 수 있었다.

프레드릭 터너와 같은 미국의 역사학자들은 미국의 프런티어가 미국이 개척과정을 거치면서 만들어낸 미국만의 정신이라고 강조하고 있다. 일부 역사학자들이 보는 관점에서는 미국의 프런티어는 그 이전에 유럽에서 이미 형성되어진 사상을 바탕으로 하여 형성된 사상에 불과하지 미국이 개척기에 만들어낸 정신은 아니라고 주장한다.

그러나 대부분의 역사학자들은 미국의 프런티어는 미국이 개척기를 통해서 형성된 새로운 정신이라는 것은 인정하고 있다. 이러한 역사학자들의 사상을 뒷받침한 정치인은 시어도어 루즈벨트 대통령이며 그는 미국의 프런티어는 미국인이 개척기를 통해서 이루어낸 신화라고 주장하고 있다.

미국의 모든 역사학자들이 긍정적으로 받아들이는 부분은 미국의 프런티어는 미국인들이 동부에서 서부로 옮기면서 새로운 사상이 형성되어져 갔다는 것에는 유럽인들도 동의를 하고 있다. 미국은 동부에서 서부로 옮겨가면서 그들나름대로의 새로운 정신이 형성되었다는 것은 사실이다.

미국인들의 프런티어는 유럽을 다 합친 만큼의 넓은 영토를 하나로 통합하는 과정에서 형성된 사상임에 틀림없다. 프런티어를 이해하기 위해서는 대중적인 서부영화에서 그 요소들을 찾아 볼 수가 있다. 넓은 황무지와 끝없는 사막과 아메리칸 인디언과 눈보라와 홍수와 야생말과 이동하는 포장마차 등을 연상해 볼 수 있다. 미국인들은 동부에서 서부로 개척을 하면서 인디언들과 치열한 싸움을 하고 한편으로는 텍사스 등에서 멕시코 인들과 전쟁을 통해서 미국을 합병해 나갔다. 이러한 과정을 통해서 그들은 개인주의와 협동정신과 강인한 팀워크 정신을 익혀 나갔다.

미국의 프런티어는 아리스토텔레스에서 시작된 전체주의와 공리주의에 가깝다. 그들의 전체주의 정신은 팀워크 정신에서 찾을 수 있다. 미국인들은 개척기에 형성된 프런티어에서 팀워크 정신만 잘 되면 몇 사람이 로키산맥도 쉽게 옮길 수 있다고 생각했다.

미국인들이 만들어낸 프런티어는 그들이 즐기는 스포츠에서도 잘 나타나있다. 그들은 개척기에 인디언들과 땅따먹기를 하는 럭비, 즉 미식축구에서 그들의 정신이 잘 나타나 있다. 미식축구는 그들의 선조의 고향인 유럽에서는 인기가 없다. 맨체스터 유나이티드 등 유럽축구는 미국인들 사이에는 별로 인기가 없으며 자신들의 자녀교육을 위해서는 주로 야구구경을 시키고 있다.

미국에서는 주말이면 부모들이 만사 제쳐 놓고 아이들을 데리고 야구구경을 간다. 이것은 미국인들이 자녀들의 팀워크 정신을 심어주기 위해서이다. 모든 스포츠 중에서 야구는 개인기와 팀원 간의 협동을 모두 필요로 하는 운동이기 때문이다. 따라서 미국의 국민 스포츠는 야구이다. 미국이 자랑스러워하는 스포츠 영웅 마이클 조던 등은 단지 개인적인 기술을 높이 평가하는데 불과하다.

또한 미국인들이 개척기에 동부에서 서부로 가면서 가장 중요한 일은 자연을 제거해 나가야만 하는 일이었다. 자연을 극복하는 과정에서 그들은 유럽인들과 같은 안정된 생활을 할 수가 없었으며 남은 여가시간에는 반드시 일상생활에 도움이 되는 일을 활용하는 정신을 길렀다. 십 수 년 전에 미국에서 인기리에 방영되었던 방송드라마 초원의 집은 개척기에 미국인들이 정착해서 살기를 희망하던 생활을 그린 것이다.

미국인들 사이에 산책이라는 말이 없다. 유럽에서는 많은 사람들이 산책을 즐기고 있으나 미국인이 걷고 있으면 그것은 반드시 운동과 관련된 조깅을 하고 있는 것이다. 또한 여가를 이용하여 가족들과 여행을 하는 경우에는 반드시 자녀들에게 무엇을 하나 얻어 오도록 요구하고 있다. 가령 바다가로 여행을 하는 경우는 바다는 극복해야하는 장애물로 생각하고 수영을 배워서 오도록 강요하고 있다. 유럽인들은 바다에 가족들과 함께 여행을 하게 되면 순수한 낭만적인 마음을 길러서 안정적인 인간이 되는 것을 요구하고 있다. 미국인이 바다를 극복해야만 하는 장애물로 생각하는 정신과 유럽인들은 인간이 가져야 할 낭만적인 순수한 마음을 바다에다 맞추어 나가는 생각이 미국인들과 유럽인들의 차이점이다. 또한 CNN 방송을 통해서 미군 포로 한명의 구조는 미국 국민들이 사이에 가장 큰 뉴스로 보도하고 구출된 포로는 영웅대접을 해준다. 포로 한명의 목숨을 아끼는 정신은 미국인들이 개척기에 길러진 프런티어 정신인 것이다.

미국 프런티어를 만들어낸 초기의 두 사람의 대표적인 영웅을 생각할 수 있다. 프런티어는 영웅 다니엘 분이나 데이비 크로켓 등의 영웅들을 탄생시킨다. 다니엘 분은 미국 서부 발전의 원동력을 만들어준 미국 서부개척사의 영웅으로 기록되는 전설적인 인물이다. 크로켓은 텍사스의 샌 안토니오시에 있는 알라모에서 멕시코 군과의 치열한 전투 중에 전사한 남부발전을 위한 전설적인 영웅이다. 다니엘 분은 서부개척 정신을 창조해낸 인물이며 데이비 크로켓은 남부개척 정신을 창조해낸 인물이다.

여기에다 미국인들의 프런티어를 창조해낸 인물은 마크 트웨인이었다. 트웨인은 미국을 유럽으로부터 분리하여 그들을 서부로 눈을 돌리게 한 진정한 미국적인 작가이다. 그의 대표작 「허클베리 핀의 모험」은 그들이 서부개척에서 모험정신을 지속시켜 나가도록 하는 새로운 프런티어를 열어주었다.

미국인들의 프런티어는 강한 남성위주의 미국사회를 대변하고 있다. 인디언이나 자연과의 싸움을 통해서 그들은 유럽 크기만 한 미국을 통합하기 위해서 서쪽으로 진군해 나갔다. 영국의 작가 클론 버클리는 '대륙은 늘 서쪽으로 향했지.'라는 구절에서 미국인들의 유럽인들과는 다른 프런티어 기질을 이해할 수가 있다. 클론 버클리의 말과 같이 그들은 동부 대서양에서 서부의 태평양에 도착하는 것이 그들의 영원한 꿈이었다. 그들은 많은 고난 속에서 드디어 태평양에 도착하여 그들의 프런티어 정신을 영원히 간직하기 위해서 대학을 세워서 학교의 이름을 버클리라고 불렀다. 그들의 선조들이 뉴잉글랜드 지방에 도착하여 청교도 정신을 영원히 간직하기 위해서 세운 학교가 하버드 대학과 같은 맥락에서였다.

◎ 팽창주의 사상

현대 미국인들의 팽창주의 사상과 국제사회에서 미국인들의 태도를 형성하게 한 것은 그들이 개척과정에서 미국인들만이 경험을 통해서 얻은 프런티어 정신에서 찾을 수가 있다. 미국인들은 개척과정에서 세 가지 어려움을 겪게 된다.

하나는 원주민인 아메리칸 인디언들이 자신들의 영토를 지키겠다는 불굴의 의지에 부딪쳐서 아메리칸 인디언들을 설득시키는 작업과 다른 하나는 넓은 황무지를 개척해 나가기 위해서 과학이 발달하지 못한 미개한 국가인 아프리카에서 흑인들을 잡아와서 부려먹는 일이었다. 여기에다 텍사스와 캘리포니아의 주인인 멕시코 사람들을 몰아내는 일이었다.

개척기부터 프런티어는 인디언의 땅을 빼앗아서 아프리카 흑인들의 노동력을 이용하고 이웃집인 멕시코인들을 몰아내고 주인행세를 해야 하는 인종간의 분쟁에서 우등한 인종이 열등한 인종으로부터 승리하여 착취를 하는 과정에서 미국인들이 승리하기 위해서 경험해낸 정신이 바로 프런티어라고 규정지을 수 있다. 따라서 미국의 초기 프런티어는 원주민인 인디언과 덜 진화된 인종이라고 미국인들이 간주하고 필요한 노동력으로 사용한 아프리카로부터 잡아온 흑인과 여러 가지 면에서 부족하고 약한 이웃인 멕시칸들을 쫓아내는 과정이 바로 미국인들의 초기 프런티어 형성기였다.

국내적으로는 더 이상 뻗어나갈 수가 없기 때문에 국제적으로 눈을 돌려서 만들어내 팽창정책이 바로 두 번째 미국인들이 형성한 프런티어라고 규정할 수 있다.

다음으로 미국인들이 패권을 쥔 이후 뉴 프런티어라는 이름으로 새롭게 팽창정책을 추진해 나가는 과정을 세 번째 단계의 프런티어라고 규정지을 수 있다.

초기의 프런티어는 산업혁명으로 인해서 과학과 기술적

인 차원에서 절대적으로 앞서가던 유럽인들이 자신들이 유럽크기만한 신천지 땅을 개척해 나가는데 수 천 년 동안 살아온 인디언들을 제거해 나가는 일이 그들의 가장 큰 숙제이었다. 미국인들이 가지고 있었던 것은 당시로서는 최신식 무기인 총과 대포와 증기 군함들을 들 수 있으며 인디언들은 구식 무기인 활과 칼뿐이었다. 따라서 인디언과의 싸움은 최신무기를 소유한 미국인들에게 절대적인 우세 속에서 시작되었다.

◎ 유럽인들과 인디언들과의 관계

미국인들과 인디언과의 관계는 처음부터 의심과 갈등과 전쟁의 연속이었다. 초기의 인디언들은 유럽인들을 절대적으로 환영하였다. 인디언 자신들과 다른 피부에 멋있는 칼을 허리에 차고 신사적인 매너를 대하는 유럽인들에게 인디언들은 교역을 하기를 원했다. 유럽들이 접촉한 인디언 부족들은 버지니아에 있는 포하탄 부족들이었으며 얼마 후 영국인 존 롤프가 포하탄 부족의 추장의 딸과 결혼을 함으로써 인디언과 미국인들의 관계는 우호적으로 되어져갔다. 지금의 버지니아주는 처녀라는 영어의 버진에서 나온 말로서 유럽인들이 처음 인디언들과 공조하면서 생활했다는 의미에서 붙여진 이름이다.

인디언들의 도움으로 버지니아에서 담배재배로 영국인들은 어느 정도의 성공을 거두자 이때부터 영국인들이 몰려들기 시작하였다. 문제는 유럽인들은 신천지 땅에 인디언들에게 면역성이 없는 여러 가지 질병을 가지고 들어오게 되었다. 유럽인들이 가지고 온 질병으로 인해서 인디언들은 몰사하게 되었다. 유럽인의 질병은 자연을 숭배하는 인디언들에게는 없애야만 한다는 의식에 사로잡혀 있었다. 얼마 후 포하탄의 젊은 새 추장 오페칸 카노우는 유럽인 마을을 습격하여 마을 주민의 절반 가까이를 살해해 버렸다. 여기에 신변의 위협을 느낀 유럽인들은 민병대를 조직하기 시작하였으며 이때부터 인디언과의 처절한 싸움이 계속되었다.

인디언과의 전쟁은 백인과 인디언 모두 상당한 피해를 초래하게 되었다. 그 결과 1646년 버지니아 인디언과 미국인들 간에 처음으로 공식적인 협상이 이루어지게 되면서 대부분의 땅은 미국인 소유의 땅으로 되었다. 이때부터 이 협상이 하나의 모델이 되어서 미국인들과 인디언간의 협상은 대부분 이 모델을 따르게 되었으며 이때부터 인디언들은 서쪽으로 점차적으로 밀리게 되었다.

인디언들은 유럽에서 몰려온 백인들의 숫자가 점차적으로 늘어나면서 불안감이 가중되면서 자신들 소유의 영토에 침입한다는 명목으로 백인들의 거주지를 무차별 습격하게 되었다. 반면에 백인들은 경작할 땅을 만들기 위해서 인디언들 소유의 땅을 무단으로 침입하게 되면서 처절한 전쟁은 오랫동안 계속되었다. 유럽에서 건너온 백인들의 땅에 대한 욕심은 결국 처참한 전쟁도발을 초래하여 인디언들이 자신들의 거주지를 포기하고 서쪽으로 도망을 하였다. 땅에 대한 미국인들의 욕심을 보이는 대표적인 사건은 1676년에 일어난 베이컨 반란에서 알 수 있다. 베이컨은 동부의 영국주민들을 이끌고 버지니아 인디언들을 습격하여 많은 인디언들이 살해된 전형적인 땅에 대한 욕심이 가져온 사건이었다.

초기에 영국인들이 인디언을 두 가지 이유에서 제거시키려고 하였다. 첫째는 인디언들은 그들이 서부로 개척해 나가는데 방해를 하는 가장 큰 걸림돌이었다. 미국인들의 땅에 대한 욕심에 대해서 주인행세를 하는 인디언을 그들은 무력으로 제거해 나가지 않으면 안 되었다.

두 번째 이유는 미국인들은 자신들이 인디언보다 진화된 인종이며 인디언들은 야만인이라는 의식이 머릿속에 자리를 잡고 있었다. 특히 인디언들은 모계 중심의 사회를 형성하고 있었기 때문에 부족회의에서는 여자가 결정권을 가지고 있었다. 이러한 인디언들의 조직 형태에 대해서 유럽인들은 이해할 수가 없었으며 자연 숭배에 대해서도 자연을 이용가치로 생각하는 유럽인들에게는 이해할 수 없는 일이었다. 따라서 미국인들이 보기에는 인디언들은 악의 화신으로 생각하고 인디언을 죽이는 일은 악을 제거해 버리는 일로 생각하고 힘든 일로 생각하지 않았다.

미국인들은 자신들에게 순종하는 형인 인디언들과 적대적으로 공격하는 형태의 인디언으로 분류하고서 그들을 잘 이용하였다. 애팔래치아 산맥의 스모키 마운틴 등을 중심으로 하여 거주하는 체로키 인디언들은 미국인들에게 잘 동조를 하는 협조적인 순종형 인디언들이었다. 체로키 인디언들은 스모키 산맥 주변에서 수천 년 간 내려온 인디언 부족 중에서 가장 점잖은 인디언들이었다. 그들은 처음부터 유럽인들과 화합하여 그들에게 자신들의 땅을 양보하였다. 이러한 체로키족들의 순한 성격을 이용하여 말썽을 일으키는 이웃

사우스캐롤라이나의 야마스족을 제거하였다. 야마스족은 미국인들에 동조를 거부하는 종족으로 그들이 개척해 나가는데 걸림돌이었으며 자신들과 협조관계를 유지하고 야마스족의 적인 체로키족을 이용하여 야마스족을 소멸시켜 버렸다.

청교도들의 꿈은 신천지 땅에 하느님이 원하는 종교적인 국가를 건설하는 일이었다. 청교도들은 하느님이 원하는 지상 낙원을 건설하기 위해서는 인디언들을 기독교로 개종시키려고 노력하였다. 인디언들이 보기에도 청교도인들은 토지에 대한 야심이 없다는 것을 알고서 이들과 상당히 가까운 관계를 유지해 나갔다. 그러나 문제는 대부분의 인디언들은 기독교로 개종할 의사를 가지고 있지 않았다. 그들은 수천 년 간 조상 대대로 물러 받은 고유의 종교를 그대로 지켜나가기를 원하고 있었다. 그 결과 청교도인들의 인디언에 대한 기독교 개종효과가 없자 인디언들은 악마의 자손으로 간주하고 1636년 개종에 가장 반발한 피쿼트족부터 공격하여 엄청난 인디언들이 살해되었다. 이후 청교도인들은 지속적으로 여러 인디언 족을 공격하여 많은 인디언 부족들이 멸족하는 현상을 초래하였다.

남북전쟁이 시작되던 시기를 기점으로 미국에는 약 30만명 정도의 인디언 들 중에서 약 20만명 정도가 서부에 거주하고 있었다. 이 당시는 벌써 미국의 프런티어는 초반기를 넘어서 성숙기에 접어드는 시기에 도달하였다. 미국인들은 그들의 거주 지역을 제한시키고 인디언들의 땅을 몰수하였다. 여기에서 일부 용감한 인디언들이 백인들과 치열한 역사적인 전투를 벌이다가 결국 몰살당하는 역사적인 사건들이 있었다. 그 중에서도 대표적인 사건은 다코다 지방의 수우족과 애리조나 지방의 아파치족이다. 수우족의 추장 시팅 불과 아파치족의 추장 제로니모 두 사람의 인디언은 전설적인 영웅으로 기록되고 있다.

1861년 남북전쟁이 시작될 무렵 미네소타의 수우족이 약 700여명의 백인을 살해함으로써 미국은 38명의 수우족을 공개 처형시키고 다코다 지방으로 추방하면서 수우족과 백인들 간의 처절한 역사적인 싸움이 계속되었다. 추방된 인디언 수우족의 추장 시팅 볼은 1876년 기마대를 조직하여 82명의 미국인들을 살해하였으며 여기에 맞서 미군은 몬테나에 거주하고 있던 수우족과의 전투를 벌여 수우족을 거의 전멸시켜 버렸다.

또한 남부의 아파치족은 1860년대부터 1880년대까지 수시로 반란을 일으켰다. 아파치 추장 제로니모는 미군과 끝까지 전투를 벌이다 아파트 족이 거의 몰살당하였다.

미국인들이 처음으로 이주해온 1600년대 초에만 하여도 북미 지역에 인디언들의 수는 1천 만 명 정도이었으며 그들이 기르던 물소인 버팔로는 약 2천만 마리가 있었다. 그러나 약 200년 사이에 9백 만 명 이상이 살해되어 버렸다. 현재 북미 전 지역에 인디언 숫자는 1백만 명 정도에 불과하며 버펄로는 찾아 볼 수가 없게 멸종되어 버렸다.

인디언과의 싸움에서 미국인들은 자신들의 하부구조를 형성하고 있는 프런티어를 창조하게 되었다. 다음단계는 인디언으로부터 빼앗은 땅을 경작하기 위한 노동력이 필요했다. 유럽 크기만 한 넓은 토지를 경작하기 위해서는 유럽인들만으로는 절대적으로 부족하였다. 특히 남부지방에 정착한 사람들은 담배농사와 쌀농사를 주로 하여 유럽에 수출하였다. 쌀과 담배농사는 특히 노동력을 필요로 하였다. 여기에서 백인들이 이용한 노동력은 아프리카 인디언들이었다. 만약 아프리카 사람들의 피부가 유럽인들과 같이 백인들이었더라면 미국의 프런티어는 아마 새로운 방향으로 발전하였을 것이다. 그러나 흑인의 고용은 결국 인종문제를 초래하고 흰 것은 선이고 검은 것은 악으로 간주하는 유색인종에 대한 인종차별의 결과를 가져오게 되었다.

◎ 백인들과 흑인들과의 관계

영국은 1663년 찰스 2세 때부터 아프리카의 노예무역에 뛰어들었다. 이미 1백 년 전부터 스페인은 아프리카의 노예무역을 하여 서인도의 농장에 아프리카 흑인들을 투입하였다. 초기에는 영국은 스페인이나 포르투갈처럼 큰 규모로 노예무역을 하지 않았으나 신천지 미국이 성장하는 속도가 빨라지면서 노예를 수입하는 규모도 점차적으로 커지기 시작해서 18세기 말까지 약 6백 만 명 정도의 아프리카 흑인들을 미국으로 수출하였다. 초기 17세기 중반까지 수입된 흑인들은 버지니아와 메릴랜드에 18세기에는 노스캐롤라이나와 사우스캐롤라이나에서 일을 하였다.

신천지 땅에 흑인 노동력의 필요성이 급속히 늘어나면서 미국인들은 노예를 집에서 기르는 말이나 소 정도의 가축으로 취급하기 시작하였다. 초기에는 그들은 계약제를 맺어서 일정한 기간이 지나면 해방이 되어서 나름대로의 상업이나 임금제 노동일을 할 수가 있었다. 그러나 노예의 숫자가 많아지고 그들을 관리하기 위해서는 그들에게 인간적인 대우를 하게 되면 흑인들이 더 많은 요구를 하고 기어오른다는 생각을 하게 되면서부터 노예에 대한 탄압은 한층 더 강화되었다.

아프리카에서 잡혀서 황금해안까지 수 천리를 걸어서 끌려오는 과정에서 5중에서 2명은 생명을 잃어버렸다. 그리고 약 한달 동안 특수 제조된 노예선에 꼼짝 못하게 하늘만 바라볼 수 있도록 하였다. 노예들을 아프리카 대륙에서 미국까지 운반하는 과정에서 상당한 흑인들이 죽어갔다. 남부에서 목화재배 등을 위하여 더욱 많은 노예가 필요하게 되자 한번 노예는 영원히 죽을 때까지 노예의 신분으로 있어야 하며 그들의 자식들은 자동적으로 노예가 되었다. 검은 피부를 가진 인종은 모든 면에서 덜 진화된 인종으로서 검은색은 악을 응징하게 되었으며 흰색만이 선을 대변하게 만들었다.

흑인들에 대한 통제의 범위는 점차적으로 강화시켜 나가면서 흑인들은 단지 움직이고 있는 재산에 불과하였다. 그들은 결혼도 돼지나 소를 양성끼리 교배 붙여서 우성을 골라내듯이 체격이 크고 튼튼해야만 결혼을 시켰다. 그래야만 그들은 농장에서 많은 일을 시킬 수가 있었기 때문이다. 서인도제도의 농장에서 일하는 흑인 노예들보다는 미국 흑인 노예들의 평균 수명이 높았던 원인은 영국인들이 이들에게 건강진단을 잘했기 때문이다. 이유는 흑인들이 바로 자기들의 재산 목록에 들어있기 때문에 재산관리 차원에서 흑인들의 건강을 잘 관리해 나갔다.

흑인들은 북부에 거주하는 노예와 남부에 거주하는 노예들 간에는 상당히 인간적으로 다른 대우를 받았다. 북부의 노예들은 가내공업에 종사하는 사람들에게 도와주는 정도의 일을 하였다. 따라서 흑인들은 주인을 도와주는 정도에 지나지 않았기 때문에 자신들은 백인문화에 쉽게 동화되었다. 반면에 남부의 조지아와 캐롤라이나에서는 쌀 생산에 흑인 노예들을 이용하였다.

이 지역에서의 쌀 생산의 성공은 더욱 많은 노예가 필요로 하게 되었다. 흑인들의 숫자가 점차적으로 증가하면서 흑인의 백인에 대한 비율이 삼분의 일을 넘어서면서 흑인 단속법은 강화되고 흑인들은 혹독한 학대를 받았다. 백인들이 수적인 열세에 몰리게 되면서 흑인에 대해서 보다 강압적인 조치를 취하자 흑인들은 견디다 못하여 도망을 가거나 주인을 살해하는 경우가 허다하게 발생하게 되었다.

흑인이 주인인 백인에게 도전하는 경우는 고문을 하거나 교수형에 처해서 그들의 머리를 마을 중심부에 걸어 놓고서 흑인들에게 전시를 하였다. 특히 남부의 조지아주나 사우스 캐롤라이나주의 경우는 흑인이 백인의 수를 능가하였기 때문에 보다 혹독한 방법으로 흑인들을 대하였다.

흑인과 백인들의 갈등은 인디언과 백인과의 관계와는 다른 양상을 나타내었다. 인디언은 자신들이 원래의 땅의 주인으로 생각하고 자신의 땅을 지키려는 정신을 가지고 이민

자를 이방인으로 생각하였다. 반면에 흑인의 경우는 백인과 피부색깔 문제를 가지고 백인과 흑인간의 갈등 양상을 보였다. 아프리카에서는 완전히 다른 언어와 종족을 가지고 있었으나 일단 미국에서는 그들은 검은 피부라는 동족의식을 가지고 있었다. 흑인들에 대한 문제가 커지자 흑인들을 다시 아프리카로 돌려보내자는 움직임이 일어나고 헨리 클레이 등의 정치인들은 신생국 라이베리아로 흑인들을 돌려보내자는 운동을 전개해 나갔다.

국내에서 인디언과 흑인 및 백인간의 인종갈등을 비롯한 복잡한 문제는 국외에서는 국제사회에서 편 가르기와 철저한 힘에 의한 약육강식의 기본사상을 형성하게 되었다.

앞에서도 언급한 바와 같이 미국의 프런티어는 세 단계를 거치면서 발전하게 된다. 첫 번째 단계의 프런티어는 인디언과 아프리카 흑인에 대한 침략행위를 토대로 형성되어진다. 첫 번째 프런티어는 유럽과는 다른 형태의 철저한 윤리와 도덕에 바탕을 둔 청교도 정신에 의한 금욕주의 정신을 바탕으로 한 프런티어 정신을 형성하고 있다. 인디언을 그들은 하느님에게 소개하기 위해서 기독교를 믿도록 노력을 하며 자신들도 청교도 정신에 의한 철저한 금욕생활을 요구하면서 신천지에서 지상의 낙원을 설계하였다. 초기의 프런티어 사상을 나타내는 소설은 다니엘 호손의 주홍글씨에 잘 나타나고 있다.

미국인들은 인디언에 대한 기독교 전파의 실패와 함께 인디언들에게 적대감을 가지면서 기독교 정신인 명백한 운명에 위배된 인디언들은 없애야만 한다고 생각하였다. 따라서 미국인들에게는 없애야만 하는 악으로 간주하고 아무런 양심의 가책도 느끼지 않고서 철저하게 없애 나갔다.

미국인들은 서부로 개척해 나가면서 터득한 지식은 바로 자연에 대한 낭만의 상실과 협동정신이었다. 유럽인들은 자연을 바라보면서 자연의 신비함과 아름다움을 노래하였다. 그러나 미국인들은 자연은 극복해야할 장애물로 생각하였다. 서부로 개척해 나가는데 자연은 방해가 되었다. 미국인들의 이러한 사상을 나타내는 소설은 허만 맬빌의 흰 괴물 고래를 소재로 한 「백경」, 즉 「모비딕」에 잘 나타나 있다.

유럽인들에게는 대서양의 푸른바다는 자연의 아름다움과 신비함을 나타내는 낭만이었다. 그러나 미국인들에게는 바다는 넘어야할 장애물에 불과하였기 때문에 넓고 푸른 바다에 괴물 고래를 넣어서 반드시 싸워서 없애야 할 장애물로 생각하였다. 미국의 프런티어는 마크 트웨인의 「허클베리 핀」에서 미국인들의 모험심을 보여주고 있다. 서쪽으로 진군하기 위해서 그들에게 필요한 것은 모험심이었다. 따라서 제일단계에서 형성된 프런티어는 미국인들에게 협동심과 단결력을 불어 넣었다. 따라서 미국인들이 자랑하는 프런티어의 본질은 협동정신과 팀워크 정신이었다.

앞에서 설명한 바와 같이 미국인들이 주말이면 다 제쳐놓고 아이들을 데리고 스포츠 구경을 가는 이유는 바로 팀워크 정신을 길러주기 위해서이다. 유럽이나 다른 나라에는 흥미가 없는 럭비 즉 미식축구는 미국인들만이 열광하는 최고의 인기 스포츠이다. 미식축구는 바로 미국인들이 개척기에 만들어낸 땅따먹기 시합이기 때문에 개척기부터 그들만이 가지고 있는 스포츠이다.

앞에서 말한 바와 같이 미국인들이 초기 프런티어에서 배운 것은 팀워크 정신의 중요성이었다. 그들은 팀워크 정신만 잘되면 전 세계도 쉽게 정복할 수 있다는 생각을 가지고 있다. 팀워크 정신은 동료 한사람의 생명을 중요시 하면서 동료가 다치는 경우 끝까지 업고서 데리고 간다. 서부개척 영화를 통해서 이러한 장면을 자주 볼 수 있다. 우리가 현재 CNN 방송을 통해서 미군들이 헬리콥터를 타고 테러리스트들로부터 미군포로들을 구출하는 작업을 벌리고 한편 구조된 포로는 영웅으로 취급하는 것은 미국인들이 초기에 형성된 프런티어의 기질인 것이다. 반면에 적들인 이라크인들 수 천 명이 죽는 것보다 미국인 한사람이 부상당하는 것을 더 안타까워하는 이유는 초창기에 인디언들을 악으로 생각하고 반드시 없애야 한다는 초기의 프런티어에서 유래된 사상이다.

❂ 프런티어의 발전단계

초기의 동부에서 서부로 개척해 나가면서 인디언 및 자연과의 싸움에서 터득한 프런티어가 제 1기의 프런티어인 것이다. 미국은 제 1기의 프런티어 정신을 발판으로 국제무대로 개척해 나가기 시작한다. 제 2기의 프런티어는 미국이 패권국 영국의 식민지에서 자신이 패권국으로 다가가는 단계까지의 과정에서 형성된 프런티어인 것이다. 1776년 영국에서 독립되어서 1945년 2차대전 전까지를 프런티어 형성의 제 2기라고 할 수 있으며 미국은 독립영웅 워싱턴의 고별연설에서와 같이 처음부터 유럽과의 단절을 선언하고 나섰다. 유럽국가들 간의 경쟁과 식민지 쟁탈전등에 개입하기를 원하지 않았다. 이것은 미국이 유럽의 강대국들과 경쟁 상대가 되지 못한 신생국에 불과하기 때문이었다.

초대 대통령 조지 워싱턴의 고별연설은 유럽국가들은 서로간의 경쟁과 견제 속에 있기 때문에 미국이 유럽에 휩쓸리면 발전을 할 수가 없기 때문에 유럽과의 단절을 선언하였으며 2대 대통령 아담스와 3대의 토마스 제퍼슨 대통령에게도 그대로 적용되었다. 특히 제퍼슨은 나폴레옹이 유럽 전역을 휩쓸고 있을 때 후에 먼로선언을 한 제임스 먼로를 특사로 영국에 파견하여 나폴레옹 전쟁에 대한 불개입 선언을 하였다. 다음 대통령인 제임스 먼로는 공식적으로 1823년 먼로선언을 하면서 유럽과의 단절이 공식화되게 되었다. 초기에 미국이 유럽과의 단절을 선언한 여러 가지 이유 중에서 미국인들이 가지고 있는 자신들은 유럽과는 다른 하느님으로부터 선택된 우월주의와 예외주의가 크게 작용을 하였다.

미국은 지리적으로 대서양을 사이에 두고 있었기 때문에 미국의 고립정책은 효과가 있었으며 초기의 먼로대통령의 먼로선언은 미국이 유럽과는 다른 외교정책을 추진한다는 것을 보여 주었다. 미국은 상당히 오랫동안 먼로의 고립정책을 추구하면서 1812년의 영미전쟁의 영웅 앤드류 잭슨 대통령은 국내 팽창정책으로 인디언에 대한 가혹한 행위로 국내문제에만 적극적으로 통합 정책을 추진해 나갔다.

1873년부터 세기말까지 계속된 유럽의 경제 불황은 런던 증시에서 뉴욕증시로 중심지가 옮겨가면서 세계의 경제중심지가 영국에서 미국으로 옮겨가게 되었다.

19세기의 미국의 팽창정책은 국무장관 윌리엄 시워드를 미국 역사의 영웅으로 기록하게 만들었다. 시워드의 역사적 공헌은 1867년 알래스카를 러시아로부터 매입함으로써 패권국으로서 본게임에 진출하는데 결정적인 역할을 하였다. 시워드의 목표는 북쪽은 빙하가 있는 곳에 있었다. 알래스카는 단돈 7백 2만 달러, 즉 1 에어커 당 2센트라는 부동산 거래로서는 역사상 최저의 가격이었다. 처음에는 미국인들은 이 아이스박스를 사들인 시워드를 바보라고 불렀으나 알래스카에서 금광이 발굴되고 석유가 매장되어 있는 유전이 발견됨으로써 알래스카에 대한 세계의 관심은 새로워졌다. 특히 미국은 알래스카를 도전국 러시아의 도전에 대비해서 이곳을 군사적 전략기지로 이용함으로써 러시아를 심리적으로 압박할 수 있었다. 시워드는 알래스카를 앞으로 아시아로 진출하는 최직선 코스이기 때문에 아시아 국가들과 유럽 국가들 간의 각축장이 될 것이라고 예상했다. 시워드는 미국의 팽창주의의 꿈을 세계인의 꿈으로 바꾸어 놓았다. 그의 꿈은 전 세계에 공화주의 정신인 민주주의 사상을 아시아와 유럽에 전하는 일이라고 생각하면서, 미국의 팽창주의를 인류의 발전에 초점을 맞추어 나갔다. 시어드의 목표는 해군력의 증강에 두었으며 그의 군사정책인 해군력 증강은 그 후의 시어도어 루즈벨트 대통령과 그의 해군보좌관이자 지정학자 알프래드 마한에 의해서 본격적으로 추진되었다.

19세기 말까지 미국은 특별한 외교정책은 추진하지 않았으나 경제적 투자국인 스페인 식민지 쿠바와 본국인 스페인 간의 분쟁에 개입하면서 1898년 미국이 스페인에게 선전포고를 하여 불과 수개월 만에 미국은 유럽의 강대국인 스페인을 몰락시켰다. 미서전쟁으로 인해서 미국은 태평양국인 필리핀까지 진출할 수 있었으며 하와이도 합병하면서 당시 미국의 숨은 팽창주의는 영국인 작가 러드야드 키플링의 「백인의 의무」에서 잘 나타나고 있다.

스페인 전쟁의 승리는 미국이 숨겨왔던 침략적인 기질을 발휘할 계기를 마련하였다. 20세기가 시작되면서 세계의 경제중심지는 미국으로 옮겨지게 되었으며 유럽에서는 힘의 균형이 깨어지고 있었다. 비스마르크의 철혈정책에 힘입어서 독일이 통일과 함께 유럽에서는 최강대국으로 부상하였다. 20세기 전반기에 미국인의 숨겨진 프런티어를 세계에 발휘할 우드로우 윌슨과 프랭클린 루즈벨트 두 사람의 대통령을 탄생시킨다. 윌슨과 루즈벨트는 완전히 다른 사상을 가지고 있기는 하지만 근본적인 사상은 같다고 할 수 있다. 세계 1차 대전을 종결시킨 윌슨은 약소국 보호주의의 이상주의 정책을 추진한 반면 루즈벨트는 힘을 중시한 현실주의자이었으나 두 사람 모두 미국의 국익을 우선시한 인물이었다. 이 기간 동안 미국은 전면에 나서지는 않았지만 사실상 도전국인 독일을 완전히 패망시키고 패권국으로서의 위치를 확고히 하였다. 이 기간 동안 미국은 겉으로는 건국 초기의 기본원칙인 유럽 불개입의 원칙을 기본원칙으로 하기는 했으나 내적으로 강대국 죽이기 작전을 추진해 나갔다.

미국 프런티어의 제 3단계는 2차대전 이후의 패권국으로서의 팽창정책이다. 패권국의 식민지로서 출발하여 독립 된 지 2세기도 채 되지 않은 국가가 세계 패권국으로서 성장하면서 미국은 미국인들이 자랑하는 프런티어가 팽창정책임을 보여주기 시작하였다. 2차대전 이후 패권국이 된 미국은 초기 개척기에 사막에서 인디언들과 싸우던 기질인 프런티어를 국제사회에서 발휘하기 시작하였다.

미국은 세계를 우선 두 개의 편으로 나누어서 세계를 제로섬 게임으로 이끌어 나갔으며 도전국과 우주전쟁까지 하였다. 미국의 과거의 전력을 묻지 않고 미국편에 서는 국가에 대해서는 선이며 2차대전에는 미국과 같은 편에 섰던 소련을 비롯한 공산주의 국가는 악으로 규정하였다. 미국 서부 영화 백주의 결투로 알려진 '하이 눈'은 보안관 미국이 약소국을 보살피기 위해서 프런티어 정신을 발휘하는 것을 세계인들에게 보여 주었으며 쿠바사태로 소련과 싸우면서 뉴프런티어 정신을 발휘한 존 에프 케네디 대통령은 근대영웅으로 대접하였다.

프런티어는 뉴 프런티어라는 새로운 용어로 정치인들은 항상 사용하고 미국인들은 가장 자랑스럽게 생각하게 되었다. 국제사회에서 전쟁에 흥미를 잃은 프런티어는 우주전쟁으로 전환하여서 서부개척 대신에 달이나 화성의 개척을 목표로 추진해 나갔다. 외계인들과의 전쟁을 소재로 한 스타워즈는 미국인들에게 가장 오래 동안 인기순위 최고로 방송되었으며 이것은 미국인들의 새로운 프런티어를 예고하였다.

그러나 미국인들은 우주에 대한 개척과 우주인들과 전쟁은 하나의 공상에 불과하다는 것을 알고서 실망한 나머지 프런티어를 섹스 등 다른 곳으로 바꾸어 버렸다. 영화 '뜨거운 것이 좋아'를 비롯하여 섹스 심벌인 마릴린 먼로 등이 미국의 역사의 상징으로 등장하게 된다. 프런티어를 발산할 기회를 잃어버린 미국인들이 보여준 마약과 히피 반전 등 여러 가지 행위는 간접적인 프런티어의 발산인 것이다. 예술분야에서도 니체의 비합리주의와 로티의 반 본질주의, 푸코의 권력, 데리다의 해체주의, 바흐친의 카니발, 그람시의 헤게모니 등도 엄밀한 의미에서 프런티어를 발산할 기회를 잃은 상실감에서 표출된 결과라고 할 수 있다. 프랑크푸르트학파의 창시자인 허버트 마르쿠제의 일차원의 인간은 바로 프런티어에 대한 향수를 그리는 미국인들의 좌절된 삶을 표현하고 있다.

◎ 새로운 프런티어

미국의 프런티어는 9.11 테러를 기점으로 다시 살아난 것이다. 미국인들은 자신이 가지고 있는 프런티어를 발산할 기회를 잡은 것이다. 중동의 테러리스트들은 과거 자신들의 땅이라고 주장하면서 먼저 싸움을 걸어온 포하탄 인디언 족들이나 후반기의 체로키, 수우, 아파치족 인디언 등 미국이 개척기에 싸웠던 인디언들을 연상하면서 사막에서 중동의 테러리스트들과의 전쟁을 벌이고 있는 것이다. 인디언들이나 유럽인들이나 모두에게 항상 명분을 끌어내어서 그 명분에 맞추어서 침략을 하고는 반드시 나중에 큰 덕을 보는 것이 미국 프런티어의 특징이다.

기존의 역사를 보더라도 두 차례의 세계대전에는 1차와 2차대전이 다 끝나가서 참전하여 전 세계의 삼분의 이에 해당하는 국가에 간섭할 수 있는 이권을 얻게 되었다. 2차대전 이후에는 삼분의 일을 지배하는 소련이 자신의 위성국들에 대해 자유권을 침해한 1953년의 동독사태, 56년의 헝가리, 68년의 체코 및 81년의 폴란드사태 등 도전국이 행한 행위에 대해서는 아무런 이익이 되지 않는다는 것을 알고서 관여를 하지 않았다. 이것은 프런티어는 항상 자국의 팽창정책에 이익이 되는 곳에만 나타난다는 것을 보여준 역사적인 사실이다.

9.11 테러이후 미국은 중동의 테러리스트들 뿐만 아니라 동티모르분쟁사건, 코소보 인종청소문제, 아프리카 난민 문제, 아프간, 이라크, 팔레스타인과 이스라엘 전쟁, 북한의 핵개발 저지 등 세계에 어느 곳에 간섭하지 않는 곳이 한 군데도 없다. 우리는 CNN 방송을 통해서 미군들이 무장을 하고서 헬리콥터를 타고 이동하여 배치되는 것을 계속해서 볼 수 있다. 미국인들은 이러한 자국의 해외에서의 행동에 대해서 즐거워하고 과거의 프런티어를 재연한다는 생각을 가지고 있다.

군사적인 차원에서 조지 부시는 이미 다국적 기업은 전세계의 도움을 필요로 하지만 미국은 세계의 각국의 도움이 없이도 전쟁을 할 수 있다는 선언을 하였다. 미국의 세계에 대한 군사전략은 케인즈식 군사전략이다. 이것은 어느 국가의 요구에 의해서 군사적인 행동을 하는 수동적인 군사적 행위에서 미국이 필요하면 언제든지 군사적 행동을 하는 전략으로 바꾸었다. 이것은 자세하게 분석하면 케인즈의 경제이론인 공급사이드에서의 군사 정책이라고 할 수 있다. 군사적인 행동이 필요하지 않더라도 만들어서 군사적인 행동을 하겠다는 전략으로 해석할 수 있다. 따라서 미국의 군사적인 행동은 중동의 이란과 북한 등 적대관계에 있는 국가에 대해서 필요에 의해서는 언제든지 공격을 할 수 있다는 것을 의미한다.

미국의 프런티어와 관련하여 국제관계적인 차원에서 생각해 볼 수가 있다.

미국은 유럽과는 차별화를 선언하면서 세계에서 주도권을 잡기 위해서 많은 노력을 계속해 왔다. 이 과정에서 미국은 강대국들이 노골적으로 나타내는 제국주의 근성은 감추고서 나타내지 않았다. 국제연합과 유엔창설을 미국이 주도해 나가면서 미국은 전 세계를 평화와 기독교 사상인 사랑을 바탕으로 하는 외교정책을 펴 나갔다. 윌슨의 민족 자결주의와 2차대전 이후 세계는 미국이 현재까지 내심이 아닌 겉으로 보여준 자유 진영 대한 약간의 헌신은 미국을 어느 정도는 평화 수호국으로 인정하고 있었다. 그러나 중동에서 시작된 반미는 현재 전 세계로 확산되고 있으며 원인은 미국의 프런티어의 사상이 침략사상의 망령으로 변해버렸기 때문이다.

미국인들의 군화발이 전 세계로 번져 나가는 것을 세계인들은 CNN뉴스를 통해서 생생하게 보고 있으며 미국인들은 미국과 다른 나라와의 전쟁을 즐기고 있다. 존 에프 케네디에 의해서 만들어진 뉴 프런티어는 소련과의 대결과 우주정복에 희열을 느꼈다. 그러나 우주정복은 미국인들의 프런티어에는 현실과 먼 공상에 불과했다. 미국인들은 프런티어를 성욕으로 바꾸었다는 사회학자이자 「고독한 군중」의

저자인 데이비 리즈만의 말과 같이 여기에 만족하지 못했다. 그러던 중 미국인들은 드디어 프런티어를 발휘할 절호의 찬스를 맞은 것이다. 그것은 바로 이라크와 아프가니스탄의 공격과 반미주의자들과 전쟁인 것이다.

미국인들은 이제 지루하던 삶에서 해방되어서 테러와의 전쟁이라는 명분을 만들어서 침략전쟁을 계속해 나가고 있다. 미국인들이 침략전쟁을 계속하면 할수록 반대로 미국인은 세계에서 더욱 더 외톨이 신세로 전락해 가고 있다. 이러한 추세로 나가면 미국은 앞으로 머지않아 국제사회에서 신뢰성을 잃어버린다. 국제사회에서 미국의 반미감정에 대해서 미국인들 중에서 반성하는 사람들이 증가하면서 미국 내부에서도 분열현상이 일어나고 있다. 최신작인 앤드류 델반코의 사탄의 죽음에서는 미국인들이 악에 대한 감정을 상실한 것에 대해서 반성하고 있다. 미국에 대한 국제사회에 신뢰성 상실은 결국에는 강대국에서 물러나서 멸망의 길로 들어서게 될 전망이다.

제 4 장
미국식 전체주의 모델의 쇠퇴

◎ 전체주의의 개념

1948년 영국의 소설가 조지 오웰은 그의 소설 1984년에서 당시 스탈린식 전체주의를 두려워하였다. 오웰은 소련식 전체주의는 히틀러가 몰고 온 광란의 역사가 되풀이되는 것을 두려워했다. 그보다 앞서 1902년 영국의 언론인 H. W. 스티드는 세계의 미국화에 대해서 염려하고 있었다. 현재 전 세계는 조지 오웰이 예상했던 소련식 공산주의는 몰락해 버리고 반면에 스티드가 예상했던 세계의 미국화를 넘어서 미국식 전체주의화 현상이 일어나고 있다.

세계의 미국화 현상이 확산되어지면서 세계화 현상인 세계의 지구촌화 현상이 더욱 가속화 되어가고 있다. 지구촌화 현상은 각 나라가 국적보다도 미국 중심으로 모든 것이 재편되는 현상이며 세계의 미국화 현상은 문화적인 차원에서의 미국과의 갈등 심화 현상으로 인한 민족문화가 강화되어지는 현상을 초래하고 있다. 미국이 성공했다고 자랑하는 미국모델을 선호하면서도 미국문화에 대한 거부감은 강화되어지고 있다. 특히 젊은 세대일수록 미국의 문화는 거부감 없이 수용은 하지만 절대적으로 미국문화를 존경하거나 숭배하지는 않는다.

세계의 미국화 현상은 미국의 역사가 시작되면서 형성되기 시작한 현상인 것이다. 신천지는 인디언 이외에는 모두가 이방인이었으며 이러한 이방인들은 다른 문화와 어울려서 살아야하며 이러한 과정에서 미국 내에서의 전체주의화 현상이 나타나고 인종과 문화 간의 우열과 서열을 정하게 되면서 대외적으로 팽창정책을 추진하여 패권국으로의 위치에 올라서게 되었다. 생물학에서 '잡종강세'라는 말이 있듯이 다민족과 다문화에 의해서 길들여진 미국인들은 세계 각국을 미국식 전체주의화를 쉽게 만들어 버렸다. 경제나 정치뿐만 아니라 문화적인 차원에서도 할리우드 영화를 통해서 전 세계가 아무 거부감이 없이 동화되어져 버렸다.

그러나 급속한 미국식 모델의 전체주의는 결국 각국이 문화적 뿌리를 다시 찾기를 원하는 필요성을 보이기 시작하면서 미국식 전체주의는 해체되고 결국은 미국의 쇠퇴에 결정적인 영향을 끼칠 것으로 예상된다.

역사적으로 아프리카에서 노예로 잡혀온 흑인들도 같은 미국 국적을 가지고 있으면서도 흑인 전통 문화를 유지해 나가고 있다. 이십여 년 전에 노벨상 수상자인 알렉스 헤일리의 뿌리가 미국에서 드라마로 상영된 이후 미국인들은 자신들의 뿌리 찾기로 전 미국이 떠들썩한 일이 있었다. 이와 같이 세계는 미국문화에 익숙해져가고 있지만 자신들의 문화에 대한 뿌리는 결코 버리지 않는다는 것을 알렉스 헤일리의 뿌리가 입증하고 있다.

20세기에 들어오면서 스티드가 지적한 세계의 미국화 현상은 일어나기 시작하였다. 이러한 현상은 2차대전 이후 더욱 가속화되기 시작하였으며 소련 및 공산주의 붕괴로 전 세계는 세계의 미국화 현상에서 미국식 모델의 전체주의화 현상을 가져오게 되었다.

전체주의와 관련하여 미국식 모델의 적용과 세계의 미국화 현상을 전체주의로까지 확대해서 생각해야 하는지에 대해서는 전체주의가 무엇인지에 대한 개념부터 정리할 필요가 있다.

전체주의에 대한 정의는 여성정치 철학자 하나 아렌트의 전체주의에서 잘 보여주고 있다. 아렌트에 의하면 전체주의는 정치, 경제, 사회, 군사, 언론 등 모든 면에서 완전히 장악하여 지배구조체제를 형성하고 있다는 것이다.

현재 미국은 정치외교적인 차원에서 세계를 지배하고 있다. 세계의 여론기관인 유엔을 미국 뉴욕에 두고서 미국은 유엔 위에서 군림하고 있다. 안보적인 차원에서 가장 중요한 의결기관인 유엔 안보리의 의견을 무시하고 군사적 행동을 감행하고 있다. 경제적인 차원에서는 미국은 9.11테러이후 금본위 금융체제에서 달러위주의 세계 금융화 시스템을 구축하였다. IMF와 세계은행 등 주요 국제 금융기관은 미국의 보조기관으로 되어져 있다. 따라서 미국이 원하는 방향으로 세계 경제 질서를 재편해 나갈 수 있다. 특히 미국 경제사정에 따라서 달러평가 절상과 절하를 하면 달러화가 세계 통화량을 주도하고 있기 때문에 전 세계 국가들의 경제는 미국 경제 사정에 크게 영향을 받고 있는 실정이다. 뉴욕 월스트리트의 매 시간 마다의 다우존스지수가 전 세계의 경제 동향을 알려주고 있을 정도로 미국 증시가 전 세계의 증시를 좌우하고 있다. 또한 세계 500대 다국적 기업가운데과 반수이상이 미국 국적의 기업이 차지하고 있다.

군사적인 차원에서도 전 세계 230여국 중에서 80여 개국에 미국 군인들이 파견되어져 있다. 미국이 사용하는 군비는 9.11테러 이전에는 유엔 안보리 5개 상임이사국들이 사용하는 군비를 합친 것과 같은 정도의 군비를 사용하였다. 그러나 9.11 이후에는 전 세계 국가들이 연간 사용하는 군비를 모두 합친 것과 비슷한 정도의 군비를 사용하고 있다.

언론도 전 세계는 워싱턴에 매달려 있다. 과거 로마시대에 모든 길은 로마를 통해야만 했듯이 현재 전 세계의 통로는 미국을 통해야만 한다. 특히 주요한 통로는 워싱턴을 반드시 통과해야만 한다.

학술과 예술의 분야에서도 전 세계의 중심이 미국에 치우쳐져 있다. 세계 성악의 중심이 이태리에서 뉴욕의 줄리아드로 옮겨졌으며 세계 미술의 중심지도 파리에서 뉴욕으로 이동하였으며 연극의 중심지도 뉴욕의 브로드웨이로 옮겨 갔다.

노벨상도 문학상을 제외하고는 미국이 거의 휩쓸어 버린다. 단지 노벨 문학상은 문학의 나라 프랑스에 이어서 두 번째이다. 노벨 문학상은 아직까지 프랑스가 주도권을 잡고 있지만 낭만주의 시대의 감정을 겪지 못한 미국인들에게 프랑스 다음으로 노벨문학상이 미국에서 많이 나오고 있다는 것은 놀라운 일이 아닐 수 없다.

현대 실용주의 학문의 대명사인 경영학 프로그램에서 세계의 최고 10개의 경영대학원 중에서 8개가 미국 국적의 학교들이다. 운동부문에서도 미국의 프로팀에 들어가야 세계적인 스타가 될 수 있다. 단지 축구는 미국인들이 자신들이 개척기에 만들어 놓은 미식축구가 있기 때문에 유럽이 주무대가 된다. 그러나 야구를 비롯하여 농구 등 모든 경기는 미국이 중심이기 때문에 미국 프로단에 입단하여야 주목을 받으면서 큰 선수가 될 수 있다.

◎ 미국사상의 하부구조

미국인들은 세계의 미국화 현상을 원하고 있으며 사실상 미국인들의 사상의 하부구조를 형성하고 있는 명백한 운명은 미국의 세계화와 같은 맥락에서 이해할 수 있다. 그들은 하느님으로부터 축복받은 지상의 낙원을 신천지에서 만들면서 동시에 전 세계에 기독교와 함께 지상낙원을 이루는 것을 목적으로 하고 있다.

미국인들은 자신들이 지구상에서 모든 분야에서 가장 성공한 모델로 여기면서 세계의 미국화 모델을 만드는 것에 대해서 희망을 넘어서 반드시 이루어야 할 운명으로 생각하고 있다.

청교도인들에 의해서 언덕위의 도성인 지상낙원을 건설하는 것을 명백한 운명이라고 생각하는 것이 미국인들의 사고이다. 따라서 미국인들은 정치, 경제, 사회, 문화적인 차원에서 세계의 모든 국가들이 미국식 모델을 적용하기를 원하고 있다.

미국식 모델은 전 세계에서 표준으로 적용되는 것을 의미한다. 일상생활에 사용하는 언어는 본고장인 영국식 영어를 제치고 미국식 영어를 구사하여야만 환영을 받는다. 미국식 영어에 익숙해진 세계인들은 영국식 영어에 대해서 불편함을 느끼고 있다. 아울러 미국인들은 영어가 모국어가 아닌 사람들 중에서 영어가 유창한 사람에 대해서 호감을 느끼며 인격적인 면에서까지 영어에 능통하지 못한 사람보다 높이 평가를 하려고 한다.

우리가 일상사용하는 화폐도 달러는 지구상 어디에서든지 환영을 받고서 통용된다. 또한 현대인에게 반드시 필요한 컴퓨터도 켜는 순간 미국의 마이크로소프트사의 윈도우 프로그램의 소리부터 듣는다.

할리우드 영화는 아마존 강의 밀림지대에서부터 아프리카의 구석 마을에까지 파고 들어간다. 할리우드 영화를 통해서 세계인들은 미국문화를 아무런 거부감 없이 받아들이고 있다.

이 정도만 언급하여도 우리는 1902년 영국 언론인 스티드가 주장했던 미국의 세계화 현상이 극치에 달했다는 것을 알 수가 있다.

좀 더 정확하게 말하면 미국인들은 국적이 없어져 버렸다. 앞으로 이러한 추세가 지속된다면 전 세계는 정치, 경제는 물론 문화적인 차원에서까지 미국의 지배를 받을 가능성이 크다.

그러면 미국인들이 창조해낸 미국식 모델의 세계화의 차원을 넘어서 미국식 전체주의화를 알기 위해서는 미국인들이 가지고 있는 사상을 역사적인 차원에서 이해할 필요가 있다.

◎ 와스프문화

영국의 낭만주의 시인 워즈워드는 그의 시 「무지개」에서 '어린이는 어른의 아버지'라고 말하고 있다. 어린이는 어른의 아버지라는 구절에서 우리는 현재 미국과 유럽을 생각해 볼 수 있다. 수천 년 전통의 수도사 문화를 지닌 어른인 유럽이 아무런 문화적인 전통이 없는 아이 미국에게 배움을 당하고 있다. 영국의 극작가 찰스 디킨즈는 미국을 빗대어서 '무식쟁이의 나라'라고 비난하였다. 사실상 디킨즈의 말도 이해가 가기는 하며 영국에서 상당히 오래 동안 미국여성들과는 결혼을 금지하였다. 그 이유는 영국에서 미국으로 이민 간 사람들의 대부분이 영국에서 경제적으로 가난하거나 사회적으로 적응을 하지 못한 사람들이었다. 다시 말하면 유럽에서 미국으로 이민 간 사람들의 대부분이 양반이 아닌 평민이거나 상민 출신들이 주류를 이루고 있었기 때문에 영국을 비롯한 유럽의 보수주의자들은 미국인들을 천하게 여겼다.

미국문화를 '와스프 문화'라고 부른다. 와스프 문화란 차가운 정통 앵글로 색슨계통의 남성 문화라는 말이다. 현재 미국에는 다양한 민족들이 모여서 다양한 문화를 형성하고 있다. 그 중에서 미국을 대표하는 문화가 영국의 와스프 문화이다. 영국의 문화가 주류를 이루게 된 원인은 영국인들이 맨 처음으로 미국에 도착하여서 정착을 하면서 주류를 이루어 나갔기 때문이다. 그 후에 유럽의 여러 나라에서 이민을 오기는 하였지만 그들은 영국만큼 자신들의 문화에 대해서 특성을 드러내지 못하였다.

현재 미국문화를 대표하는 와스프문화의 기원을 역사적인 차원에서 생각해 볼 필요가 있다.

미국 문화의 기원은 청교도 사상을 바탕으로 한 기독교 문화에서다 바탕을 두고 있다.

미국역사는 1618년의 종교전쟁에 뿌리를 두고 있다. 사실상 유럽의 역사는 1618년을 기점으로 새로운 역사의 장을 열게 되었다. 약 1천년간 계속된 서양의 신중심의 문화가 인간중심의 문화로 변하게 되면서 민족을 중심으로 하는 국가가 형성되기 시작하였다. 서양사회에서 국가의 정식형태는 30년 종교전쟁을 기점으로 나타나기 시작하였다. 기존의 서로마 제국의 부활이라고 할 수 있는 신성로마제국의 정확한 명칭은 독일민족의 신성로마제국이다. 독일에 있던 신성로마제국은 1618년부터 1648년까지의 30년 전쟁을 거쳐서 웨스트 팔렌조약을 시작으로 신성로마제국은 명맥만 유지할 뿐 사실상 유럽의 국가들로 해체 되었다.

◎ 서양문화의 단계적 발달

서양의 문화를 몇 단계로 나누어서 설명을 할 수가 있다. 초기의 서양문화는 그리스의 자연중심의 문화를 들 수가 있다. 이 시기는 인간의 주변에 있는 자연이 인간 보다 더욱 중요하게 생각하는 시대이었다. 이 시기는 인간주변의 물과 불과 바람 등을 중심으로 인간은 자연의 일부에 불과하다고 여기는 시대이었다. 자연중심의 시대에는 자연을 신으로 생각하고 인간은 자연의 아들이라고 생각하였으며 자연을 불의 신, 물의 신, 바람의 신, 힘의 신, 술의 신 등으로 이름을 붙이고 인간은 자연 신의 아들로 생각하였다. 그리스 시대는 아테네, 스파르타, 트로이 등 도시국가를 형성하면서 도시중심의 문화를 형성하게 되었다. 도시중심 사회의 그리스는 소아시아의 알렉산더에 의해서 통합되면서 동서양이 합친 헬레니즘의 문화를 창출하지만 금방 허물어져 버린다. 정치나 경제적인 동화는 쉽게 이루어질 수 있지만 문화적인 융화는 쉽게 이루어질 수 없다는 것을 헬레니즘의 문화를 통해서 알 수가 있다.

그리스 문화와 아시아 문화의 충돌로 인해 유럽사회는 신중심의 새로운 문화를 창조하게 되었다. 유럽의 신중심의 문화는 약 1천 년 간 지속되면서 사실상 현대 유럽 국가들의 문화의 모태를 창조해 내게 되었다. 신중심의 문화는 인간은 신의 한부분에 불과하며 신의 심부름꾼인 교황을 중심으로 한 성직자들을 통한 종교문화가 중심이 되었다.

천 년 동안 계속된 종교문화는 정치적으로 로마제국이며 종교적으로는 로마교황이 있는 이태리에서부터 인간을 신으로부터 해방하는 인간중심의 문화를 다시 찾겠다는 움직임이 나타났다. 이러한 인간중심 문화에 대한 움직임은 유럽 전역에 번져나갔다. 민족을 중심으로 뭉쳐지기 시작하면서 로마교황에 맞설 수 있는 구심점이 필요하였다. 그 구심점 역할을 하는 사람을 교황과 같은 차원에서 신성시하는 왕권신수의 권한을 부여함과 동시에 민족중심의 국가를 형성하게 되었다.

그러나 워낙 오래 동안 뿌리를 내리고 있었던 정통종교는 뿌리를 뽑기가 쉽지 않았다. 마르틴 루터나 존 캘빈, 울리히 쯔빙글리 등이 중심이 된 종교개혁 운동은 유럽의 역사와 종교문화를 바꾸어 놓았다.

미국의 역사도 독일민족의 신성로마제국에서 일어난 종교전쟁으로 인해서 탄생되었다. 종교전쟁이 일어나기 10년 전에 영국은 정통종교에 반기를 든 사람들을 탄압하기 시작하자 청교도들은 모세의 탈 애급과 같이 출 유럽행을 시도하였다. 따라서 종교적인 차원에서 모세의 젖과 꿀이 흐르는 땅을 찾아서 나선 것과 같은 맥락에서 청교도인들은 종교적인 자유를 찾아서 탈 유럽행을 감행하였다.

◎ 근대유럽국가의 탄생과 미국역사의 기원

앞에서 설명했듯이 유럽 근대 국가의 탄생은 종교전쟁에서 시작되었으며 미국의 역사의 기원도 30년 종교전쟁과 같은 기원에서 찾을 수 있다. 미국의 역사의 기원은 1618년 독일에서 시작된 30년 종교전쟁과 같은 해에 시작되었다. 당시 유럽은 정통 기독교인 구파에 대해서 종교 개혁파들이 새로운 종교개혁을 요구하고 나섰다. 이들은 구교인 루터파에 대해서 신교인 캘빈파라고 불렀으며 지역적으로는 영국에서는 청교도 또는 퓨리턴, 프랑스에서는 위그노 그리고 네덜란드에서는 고이센이라고 불렀다. 1618년 종교전쟁이 일어나기 수 년 전에 영국에서 종교탄압을 심하게 하자 영국의 청교도들은 윌리엄 부르터스를 중심으로 하여 네덜란드로 피신을 하였다. 그들은 같은 개신교인 고이센의 도움으로 생활을 하였으나 얼마 후 유럽에서 종교탄압이 점차적으로 심화되면서 신천지 미국으로 출 유럽행을 시도하였다.

1620년 8월에 네덜란드에 있던 청교도인들은 스피드 웰이라는 배를 타고서 영국으로부터 출발하는 메이플라워호와 함께 유럽을 출발하였으나 스피드 웰 호에 문제가 생겨서 메이플라워호에 합석하였다. 메이플라워호는 102명의 사람들을 태우고서 유럽을 출발하여 4개월 만인 12월 11일에 지금의 뉴잉글랜드의 플리머스 항에 도착하였다. 원래 그들의 목적지는 버지니아 주를 희망하고 있었다. 그 이유는 이미 1607년에 영국인들이 돈을 벌기위해서 버지니아에 도착하여 담배농사를 시작하고 있었기 때문이었다.

배에 이상이 있어서 플리머스 항으로 진로를 옮겨서 도착하기는 했으나 그 해 겨울은 혹독한 추위 속에서 원주민 인디언들의 도움으로 겨울을 넘길 수 있었으나 약 삼분의 일 정도의 사람들이 추위를 이기지 못하고 죽었다. 당시 배에 타고 있던 102명의 인원이 모두가 다 청교도인들은 아니었으며 그 중에서 약 삼분의 이 만이 청교도 신자들이었다. 이 중에는 월터 롤리라는 귀족도 있었다. 이들이 바로 미국인들의 건국의 시조로 모시는 필그림스 화더스들이다.

따라서 현재 미국의 역사창조는 독일의 종교전쟁과 함께 시작되었으며 그 후 독일은 패권국 미국에 대한 도전국으로서 두 차례의 패권전쟁을 벌리게 된다. 따라서 미국인들의 가지고 있는 사상은 유럽인들이 가지고 있는 수도사 문화와는 다른 문화를 보이고 있다. 청교도들이 유럽에서 가지고 온 기독교정신은 현재 미국의 공민교로 발전하여 다민족과 다문화를 가진 미국을 결합시키는 구심점 역할을 하였다.

현재 미국인들이 가지고 있는 정신은 그들은 하느님으로부터 선택받은 사람들로서 자신들은 지구상에서 하느님이 원하는 언덕위의 도성인 지상낙원을 이루었으며 가장 성공한 모델을 가지고 있다고 생각하고 있다. 여기에다 종교적인 사상인 명백한 운명을 토대로 하고 있다. 명백한 운명은 종교적인 차원에서 그들이 후세에 하느님이 있는 천당에 가기 위해서는 복음을 전도해야 한다는 생각을 가지고 있다. 그들이 개척기에 인디언들에게 기독교를 전파하려다 실패하자 인디언을 악으로 여겨서 무참히 살해하는 것과 같은 맥락에서 생각할 수 있다. 그들이 바라는 명백한 운명은 성공한 미국식 모델이 가장 합리적이고 가장 좋은 모델이기 때문에 세계를 미국식으로 만들어야 한다는 생각을 가지고 있다.

◎ 밀턴의 실낙원과 청교도 사상

유럽인들이 가지고 있는 밀턴의 실낙원은 미국인들은 다르게 해석하고 있다. 실낙원은 하느님이 가장 사랑하는 천사 라파엘을 통해서 신천지가 낙원이라는 것을 가르쳐 주었으나 밀턴이 잘못 받아 적어서 지상에는 낙원이 없다고 생각하게 되었다는 것이다. 그 낙원이 바로 신천지 미국이며 자신들은 유럽인들과는 달리 하느님으로부터 선택된 사람들이라고 믿게 되었다.

따라서 미국인들은 유럽을 출발 할 때부터 유럽인들과는 다르다는 예외주의와 우월주의를 바탕으로 하고 있다. 미국인들은 하느님이 선택해 준 가나안땅 신천지를 언덕위의 도성을 쌓는 다시 말하면 지상낙원을 만드는 일은 반드시 이루어야만 하는 명백한 운명으로 생각하였으며 미국식 전체주의는 바로 미국식 자유와 민주주의를 전 세계에 심어야만 한다는 생각에서 출발하였다. 따라서 미국은 독립당시 조지 워싱턴의 고별연설에서 보여주듯이 그들은 유럽인들과는 완전히 뿌리가 다른 사람들로 생각하고 유럽의 모든 정치제도 및 문화적인 유산을 물러 받기를 거부하였다. 그들이 원하는 것은 유럽으로부터 가지고온 낡은 유산을 없애버리고 새로운 미국식 세계의 정치, 경제, 문화를 창조해 내는 것을 목표로 삼았다.

그 결과 청교도 사상은 유럽과는 단절된 편견 된 생각에서 출발하고 있다. 종교인과 같은 철저한 도덕적 금욕생활을 요구하는 초창기 미국사회는 그들이 가지고 온 자유와는 다른 권위적인 사회를 형성하게 되었다. 황야의 신천지 땅에 언덕위에 새로운 도성을 쌓기 위해서는 영국에서보다도 훨씬 더 엄격한 질서와 규율이 필요했다. 곧바로 1636년에 하버드 대학을 설립한 목적도 교육을 통해서 이상적인 신천지를 만들겠다는 의지에서 나온 것이다. 다니엘 호손의 소설 주홍글씨는 바로 그 시대상황을 잘 묘사하고 있다. 청교도 정신은 본래의 자유와는 다른 권위의식으로 변하게 되면서 미국인들이 가지고 온 존 로크의 자유주의 계념과는 다른 유형의 권위적 자유로 변하게 되었다. 따라서 청교도 정신이 권위주의 사회로 발전해 나가는 것에 대해서 새로운 형태의 종교정신을 요구하게 되었으며, 로저 윌리암스 같은 사람들은 청교도의 신정정치에 도전한 초기의 사람들이었다.

문제는 아무런 기반이 없는 신천지 땅 황야에 엄격한 청교도정신이 없이는 훌륭한 사회를 만들 수 없었으며, 미국사회의 발전과 성공은 어떻게 청교도정신을 세속화시키는가 달려 있었다. 초창기 사람들과는 달리 새로 유럽에서 건너온 사람들의 목적은 달랐다. 신천지는 초창기 영국인들이 지배권을 장악하기는 하였지만 얼마 후부터 유럽인들이 대거 몰려오면서 그들은 대다수가 경제적으로 안정된 생활을 하고 부를 획득하기 위해서 건너온 사람들이었다. 따라서 그들이 원하는 것은 종교적인 차원에서의 금욕적인 생활보다는 세속적인 차원에서의 풍부한 삶을 원하게 되었으며, 미국은 다수인들에 맞는 사회변화를 추구해 나가야만 했다.

이 과정에서 미국사회는 물질과 금욕 사이에서 방황하게 되자 피뢰침의 발명으로 알려진 과학자이자 정치가인 벤자

민 프랭클린은 금욕과 과욕의 조화로운 삶을 요구하는 사회로 변화의 추구를 요구하고 나섰다. 미국인들이 원하는 사회는 청교도 정신에서 벗어나서 실용주의 사회로 변화되어지고 있다는 것을 나타내었다. 프랭클린의 사상은 미국사회를 편협 된 절제주의에서 실용주의로 발전시키는 계기를 마련하였다.

유럽으로부터 이주해온 사람들은 아메리칸 드림을 달성하기 위해서 물질만능주의에 치우치면서 본래 미국의 건국정신이었던 청교도 정신은 퇴색되기 시작하였다. 여기에 미국사회는 도덕적으로 타락하기 시작하면서 과거의 청교도 정신을 불어넣을 필요성을 느끼게 되었다. 청교도 정신의 복귀는 미국사회에 전반에 확산되기 시작하였으며 그 대표적인 사상가가 랄프 에머슨이었다. 에머슨의 초절주의 사상은 새로운 청교도 정신의 부활이라고 할 수 있으며 절제와 금욕과 도덕성을 중시하던 초창기 청교도 사상의 부활이라고 할 수 있다.

◎ 청교도 정신과 서부개척

초기의 청교도 정신은 동부에서만 머물게 하였으나 얼마 후 미국은 서부로 나가야만 해야 한다는 의식이 팽배해지기 시작하였다. 당시 서부로의 팽창이 바로 미국인의 생존과 직결된다는 절박함을 가지게 되었다. 동부는 이미 낡은 역사의 유물에 불과하며 몰려드는 미국인들이 살아남을 방법은 서부로의 개척뿐이라는 팽창주의 사상이 머릿속에 인식되기 시작하였다. 현재 패권국 미국인이 가지고 있는 전체주의와 팽창주의 사상은 19세기로 넘어오면서 형성되어 졌다고 볼 수 있다.

팽창주의 사상을 불러일으킨 사람은 라스트 모히칸의 제임스 구퍼와 허클베리 핀의 마크 트웨인과 위대한 캐츠비의 피츠제럴드를 들 수 있다. 쿠퍼는 동부에서 서부변경의 개척만이 미국이 살아남을 수 있다는 정신을 심어 주었다. 여기에다 한발 더 나아가 개척정신에 모험심을 심어준 사람은 마크 트웨인을 들 수가 있다. 트웨인은 미국의 개척기가 끝나갈 무렵 이였지 만 미국인들의 개척정신에 대한 향수를 다시 불러일으키게 한 사람이었다. 마지막으로 20세기에 들어서서 미국의 팽창정신을 불러일으키게 한 사람은 위대한 캐츠비의 피츠제럴드를 들 수가 있다.

미국은 유럽으로부터 몰려오는 다국적의 사람들과 농지를 경작하기 위해 노예로 끌려온 흑인과 이웃의 멕시코인종을 비롯하여 다인종과 다문화를 형성하면서 전체주의의 사상을 형성해 나가기 시작하였다. 흑인문화와 유럽문화 및 멕시칸 문화를 공동으로 묶어주는 구심점은 기독교 사상이었으며 기독교는 결국 공민교로 되어 버렸다. '신의 축복이 있기를'이라는 말은 공동의 장소에서 자주 사용하였으며 하느님 앞에서는 누구나 평등하다는 구절이 어디든지 인용되었다. 그러나 흑인과 인디언과 황인과 백인들은 결코 섞일 수가 없다는 생각을 가지게 되었으며 백인이 가장 진화된 종족이며 흑인이 가장 열등한 인종이라는 생각이 머릿속에 박히게 되었다. 이것은 미국 내에서의 전체주의를 형성하게 되었으며 백인중심주의에서 흰색은 선을 상징하며 검은 것은 악을 상징하도록 하는 백인중심의 사회를 만들어 나갔다. 이러한 사상은 미국인들이 패권국가가 되면서 미국모델의 세계를 편성하고자 하는 것과 같은 맥락에서 이해할 수 있다.

현재 전 세계는 세계화에 힘입어 미국식 세계화 현상이 두드러지게 나타나고 있다. 미국식 세계화 현상은 문화적인 차원에서의 미국식 모델의 전체주의를 원하고 있다는 것을 의미한다. 2차대전 이후 미국은 전 세계의 안보와 경제를 이끌어 나갔다. 이러한 미국주도의 안보와 경제는 미국으로부터 독립을 추구해 나가면서 전 세계는 경제적인 면에서는 EU와 일본 및 한국, 중국을 비롯한 국가들이 미국과 경쟁관계를 벌리고 있다. 안보적인 차원에서도 소련해체이후 한국과 일본을 제외한 국가들이 미국으로부터 해방되어지고 있다. 특히 서유럽국가들은 동구권 유럽국가나 러시아와는 더 이상 대립할 필요성이 없어졌다.

◎ 문화적 동화와 갈등

앞에서도 언급한 바와 같이 문화적인 동화는 갈등을 초래하여 정치 및 군사적인 충돌을 가져오게 된다. 동서양의 역사를 통해서 문화적인 동화가 가장 힘든 일이다. 미국사회에서 흑인과 인디언이 백인과 융화되지 못하는 원인이나 일본이 한국에 대해서 문화적인 흡수를 하지 못한 것은 민족이 가지고 있는 이질적인 문화적인 요소는 통합이 불가능하다는 것을 잘 나타내고 있다.

그러나 현재 국제사회에서 문화적인 차원에서 세계는 점점 더 미국식화 되어져가고 있다. 미국을 상징하는 코카콜라와 맥도날드의 간판은 전 세계의 어느 거리에도 서 있으며 가계 생활과 직결된 시티은행은 영문간판으로 전 세계의 거리에 붙어져 있으며 스타벅스 커피와 피자 가계도 그대로 영문 이름을 사용하고 있다. 자국 내에서 개발한 상품도 영문이름을 사용하지 않으면 영업이 잘 되지 않을 정도로 영문이름이 판을 치고 있다.

얼마 전 한국에서 미국의 콜라에 대항해서 독립콜라를 생산하여 미국 콜라에 도전한 적이 있기는 하나 곧 사라져 버렸다. 세계의 거리는 미국 거리를 옮겨다 놓은 것을 정도이다. 세계의 젊은이들은 나이키 신발과 미국산 자동차를 즐겨 타고 미국 팝송과 노래를 즐겨 부르며 미국 콜라와 맥도널드 빅 맥을 좋아한다.

영어도 미국식 영어를 구사하여야 하며 영어를 구사할 수 있어야 만 취직도 하고 회사에서 출세도 한다. 후진국가일수록 영어배우기에 열을 올리고 있으며 수천 년 동안 불어만 고집해 온 프랑스에서까지 콧대를 죽이고서 영어배우기 열풍이 가속화 되고 있는 현상이다. 한국 등 중진국가들까지도 자녀들에게 영어를 가르치기 위해서 조기유학을 보내면서 소위 '기러기 가족'이라고 불리는 사람들의 숫자가 늘어가고 있다. 한국을 비롯한 직접 미국 영향권 하에 있는 국가의 사람들은 미국 학교에 보내기 위해서 토플과 SAT 등을 공부하는 학생들이 급격히 늘어나고 있다.

미국문화를 직접적으로 받아들이는데 결정적인 역할을 하는 할리우드 영화는 지금 전 세계의 모든 지역에 파고들어가 있다. 전 세계인들은 자기나라의 총리의 이름은 몰라도 미국의 영화배우 톰 크루즈의 이름은 알고 있을 정도이다. 스포츠 분야에도 미국의 농구팀인 드림팀의 마이클 조단 선수에 대한 인기는 전 세계를 열광시키고 있다. 음악과 예술의 분야에서도 경제적으로 풍족한 미국으로 다 몰리고 있다. 이태리의 성악에서 미국 뉴욕의 줄리아드와 연극도 브로드웨이 무대가 더욱 더 활개를 치고 있다. 문학의 불모지 미국이 노벨 문학상 부문에서 전통 문학의 나라인 프랑스에 이어서 두 번째로 많은 노벨문학상을 배출하고 있다. 노벨상 부문에서는 문학상만 프랑스에게 내어주고 전 분야에서 미국이 완전히 휩쓸어 버린다.

스포츠 분야에서도 유럽과 영국이 본거지인 맨체스터 유나이티드 등의 축구를 제외하고는 전 분야에서 미국이 휩쓸어 버린다. 이렇게 되다보니 미국에는 내셔널 즉 국가라는 말을 사용하기를 싫어하고 항상 월드 챔피언이란 말만 사용한다. 내셔널 챔피언이란 말은 사실상 사라져 버렸으며 또한 미국인들은 스몰이라는 말은 사용하지 않는다. 우리가 즐겨 사용하는 스몰은 미국인들은 레귤러라는 말로 대용해서 사용한다. 맥도날드 등 인스턴트 식품점에서는 커피 등에서 스몰을 레귤러라고 부른다. 한국의 한 국문학자가 일본을 축소지향의 일본인이라는 책을 출간한 일이 있다. 일본의 축소지향적인 일본 문화와 대조적으로 미국인들은 확대지향의 미국 문화라고 말 할 수 있으며 이것은 세계의 미국화와 같은 차원에서 이해 할 수 있다.

◎ 미국시민 문화와 발전론

미국의 시민문화를 미국의 발전론과 관련하여 연구하는 학자들 사이에서 미국발전의 원동력을 미국 자체의 크기에 맞추어서 설명하고 있다. 시드니 바버 등 미국의 시민문화와 근대화 이론가들은 미국은 일본이나 유럽과의 비교우위론을 전체적인 크기에 초점을 맞추어서 설명하고 있다. 시민문화 이론가들의 주장은 미국은 크기가 유럽 전체에 해당할 정도로 크며 일본과는 근본적인 크기 자체가 다르기 때문에 경제 대국 일본은 미국에 도저히 따라 올 수가 없다는 것이다.

미국 근대화와 발전론의 대가들이 주장하는 이론이 주목을 받은 것은 60년대 일본이 경제대국으로 급성장하면서 70년대는 미스비시, 미쓰이, 도요다 등 일본종합상사의 제품이 세계시장에서 미국과 경쟁상대를 넘어서서 미국을 앞질러갈 정도의 수준에 있었다. 사실상 이 시기에 미국 국내에서 조차 일제상품을 미국 상품보다 선호하는 경향이 있었다. 미국 언론들은 일본이 2차대전 당시 진주만 습격으로 군사적인 공격으로 미국을 위기에 몰아넣었으나 현재는 경제선전포고인 일제 상품으로 미국을 공격하여 미국을 위기로 몰아가고 있다고 하였다.

미국인들의 불안은 가속화되기 시작하였다. 특히 미국은 국내외적인 환경이 극히 악화되어져 있었다. 미국 역사상

초유의 월남전에서의 참패와 도전국 소련의 패권 도전 등으로 인해서 위기에 몰리고 있었다. 미국은 적대국인 중공을 소련 견제용으로 끌어들이기 위해서 닉슨 정부시절부터 국무장관을 지낸 키신저를 시켜 중공과 화해 전략을 추진하고 있었다. 이 시기 미국이 가장 가슴 아파한 사건이 바로 자신의 손아귀에서 놀아나던 일본이 급성장하여 미국의 머리위에 올라서는 지경에까지 이른 것이다.

미국은 2차대전 당시 일본을 분석하여 베네딕트의 국화와 칼에서 민족성을 분석하였듯이 이번에는 일본의 경제에 대해서 분석하기 시작하였다. 일본에 대한 군사력은 계속해서 미국의 우산 속에 있었기 때문에 더 이상 걱정하지 않아도 되었다. 그 결과 당시의 시민문화에 초점을 맞춘 근대화 이론가들은 일본은 미국을 결코 따라 갈 수가 없다는 파이이론을 내놓았다. 이 파이이론에 의하면 일본과 미국의 오렌지 속에 들어있는 파이 그자체가 근본적으로 차이가 있기 때문에 일본은 작게 여러 쪽으로 파이가 갈라질 수는 있으나 근본적인 오렌지 자체가 커질 수가 없기 때문에 미국에게는 결코 따라 올 수가 없다는 결론을 내렸다.

사실상 미국은 전 세계의 25퍼센트에 해당하는 천연자원을 비롯한 기본적인 물자를 가지고 있으며 반면에 인구는 불과 전 세계의 5퍼센트에 불과하기 때문에 세계의 평균 국가들보다 기본적으로 더 풍부하게 사용할 수 있는 조건을 갖추고 있다. 미국이 패권국으로 올라선 원동력도 풍부한 물자가 중요한 역할을 하고 있다.

미국의 이러한 분석은 어느 정도 이론적인 근거를 가지

고 있는지는 확실하지가 않지만 일단 미국인들은 자신들에게 도저히 따라올 수가 없다는 결론을 내리자 그때부터 일본을 도와주기 시작하였다. 여기에서 우리가 알 수 있는 것은 미국인들은 유럽인들이나 일본인들보다도 훨씬 풍부한 물자를 가지고 있다는 자부심과 함께 세계를 미국중심으로 재편하는 미국식 전체주의가 당연하다는 생각을 가지고 있다는 것을 알 수 있다.

문화적인 차원에서의 미국화가 가장 크게 작용하고 있다. 역사적으로 볼 때 정치적인 차원에서나 경제적인 차원에서의 국가간의 마찰은 쉽게 해결되었다. 인류의 역사를 통해서 문화적인 차원에서의 갈등은 결코 해결되지 못하고 있다. 과거 일본이 한국을 합병하여 식민지정책을 추진하는 과정에서 가장 힘든 일은 한국과 일본의 문화적인 동화였다. 문화적 동화를 위해서 택한 정책은 초등학교와 일본군 순사와의 관계를 이용하였다. 초등학교 선생은 일반 국민들과 가장 가까이에서 국가의 정책을 국민들에게 가장 잘 전할 수 있는 사람들이다. 일본은 한국의 식민지 정책을 성공적으로 추진해 나가기 위해서 한국의 사범학교에 우수한 학생들을 선발하여 그들을 교육하여 일선 초등학교에 배치하였다. 반면에 일본군 헌병과 순사들은 식민지 국민들이 가장 두려워하는 존재이었다. 그런대 일본은 정책적으로 초등학교 교사의 위상을 말을 타고서 칼을 차고 다니는 일본국 순사의 지위보다 위에 두었다. 초등학교 교사가 지나가면 순사가 말을 타고 지나가다가 말에서 내려서 큰절을 하도록 하였다. 초등학교 교사의 위상강화는 결국 국민들의 신뢰성을 높여주어서 일본의 문화의 한국화 시키는데 초등 교사를 이용하고자 하는 목적에서였다.

앞에서 이미 언급하였듯이 현재 전 세계의 젊은이들은 미국 문화에 빠져 들어 있다. 미국산 나이키 신발을 신고 미국산 리바이스 청바지를 즐겨 입으며 미국 노래를 듣기를 좋아한다. 길거리에는 미국의 상징인 맥도날드와 코카콜라의 간판이 붙어져 있으며 미국산 피자와 미국 회사의 커피인 스타벅스가 전 세계의 길거리의 간판을 장식하고 있다. 자동차도 미국산 외제 자동차를 타고 길거리를 활주하고 싶어 한다.

20세기가 막 시작하는 1902년에 영국의 언론인 스티드가 두려워했던 세계의 미국화 현상은 정확하게 1세기만에 세계의 미국화는 절정에 달하였다.

그러나 세계의 미국화는 미국의 몰락에 간접적인 요소로 작용을 하고 있다. 일반적으로 생각하기에 세계의 미국화는 미국을 더욱 더 강한 패권국으로 긍정적인 요소로 작용하여야 하는 것은 당연한 사실이다. 미국의 문화에 적응하여 세계의 미국화가 되어져 가면 갈수록 전 세계는 친미주의 현상이 나타나야만 하는 것이 당연한 현상이다. 세계의 미국화 현상은 당연히 미국이 패권국의 위치를 유지해 나가는데 긍정적인 요소로 작용을 하여야만 한다.

그러나 아이러니하게도 전 세계의 젊은이들은 미국산 옷과 신발과 자동차와 노래를 들으면서 그와 반비례해서 미국에 대한 반미 감정은 더욱더 거세지고 있다. 구시대의 사람들과 신세대의 사람들을 비교해 보면 젊은 층들이 미국에 대한 반미 감정이 더욱 더 강하다.

미국식 세계화 현상은 점차적으로 미국에 대한 반미감정으로 확산되어지고 있다. 미국인들은 세계가 미국화가 되기를 원하고 있다. 정치적으로나 문화적으로나 모든 면에서 미국화가 되기를 원하고 있다.

세계의 미국화 현상은 미국인들의 하부구조를 형성하고 있는 명백한 운명에 바탕을 두고 있다. 미국인들은 하느님으로부터 선택받은 사람들이기 때문에 지상에서의 미국화를 당연시 여기고 있다.

세계화 현상은 미국화 현상을 더욱 가속화시켜 나가고 있다. 앞에서도 설명한 바와 같이 미국식 모델의 전체주의화는 세계 각국들과 정치적인 차원에서나 경제적인 차원 및 문화적인 차원에서의 갈등을 초래하여 국가들의 민족성을 고조시키고 있다. 특히 정치적으로나 경제적인 차원에서의 미국식 모델의 적용은 국가의 발전을 위해서 큰 거부감을 일으키지 않을 수 있다. 그러나 문화적 전체주의는 미국 문화와 세계 각국들과 갈등현상을 초래하여 결국 미국이 패권국에서 물러나게 할 가능성을 초래하고 있다.

제 5 장

힘의 추락

미국이 국제사회에서 패권국으로서 위기에 몰리고 있다는 것은 미국의 국력이 쇠퇴되어지고 있다는 것을 의미하며 미국의 영향력이 감소되어지고 있다는 것을 말한다. 미국의 국력이 쇠퇴하고 있다는 것은 국력을 구성하고 있는 중요한 요소들이 쇠퇴하고 있다는 것을 의미한다.

◎ 힘의 개념

국력을 정확하게 파악하는 일은 쉬운 일이 아니며 특히 국력을 구성하는 가장 중요한 요소인 군사력은 비밀로 하고 있기 때문에 측정하기 더욱 어렵다. 일반적으로 국력을 평가하는 요소로서는 국가의 면적과 지리적 환경, 경제적 요소, 천연자원, 인구, 민족성 등 여러 가지 요인들을 생각 할 수 있다. 미국이 세계 초강대국으로서 힘을 잃어가고 추락하고 있다는 원인은 어디에 있는가. 한 국가의 힘을 측정한다는 일은 사실상 불가능하다. 특히 그 나라의 국력을 측정하는데 가장 필요한 군사력은 비밀에 붙여져 있기 때문에 더욱 힘이 든다.

힘이란 일반적인 의미를 보면 어떤 일을 이루어낼 수 있는 능력을 의미한다. 국제사회에서 일을 이루어낼 수 있는 능력은 지리적, 경제적 조건 등 앞에서 언급한 요소들 이외에 더욱 중요한 요소는 미국이 국제사회에서 가지고 있는 소프트 파워인 것이다. 현재 미국이 추구하는 힘에 의한 정책을 분석하고 다음으로 현재 미국이 가지고 있는 지리적, 경제적 및 천연 자원 등 미국이 가지고 있는 요소 들을 분석하면 미국이 패권국으로 유지해 나갈 수 있을 것인지를 판단할 수 있다.

◎ 힘에 의한 외교정책

힘에 의한 외교정책은 미국의 역사와 미국인들이 가지고 있는 사상을 보면 잘 알 수 있다.

그리스의 철인 고르기아스는 자연이란 힘의 법칙에 의해서 지배되며 국제관계는 법률에 의한 지배라기보다는 힘에 의해서 지배된다는 것이다. 이라크전과 아프간 전쟁을 일으키는데 주도적인 역할을 한 도널드 럼스펠드 전 미국 국방장관은 국제관계에서 힘에 의한 평화를 강조하고 있다. 럼스펠드는 힘이 곧 판단의 잣대로 보고 있다. 힘의 약세는 곧 적의 도발을 부르게 된다는 것이다. 럼스펠드가 즐겨 인용하는 말은 미국 금주법 시대의 마피아 갱단의 두목이었던 알 카포네의 말인 좋은 말로 할 때 보다는 총을 들고 이야기 하면 더 많은 효과를 본다는 것이다. 또한 미국의 군사력의 핵심인 미 국방성과 세계경제의 근원인 세계무역센터를 무너뜨린 알카에다의 두목인 오사마 빈라덴은 '사람들은 강자에게 호감을 갖게 마련이다.'라고 말하고 있다.

인류의 역사는 칸트가 주장했던 도덕성을 바탕으로 한 세계 영구평화 론과 그로티우스가 제창한 국제법은 힘을 바탕으로 하지 않으면 존속하기 힘든다는 사실을 역사가 증명해 주고 있다. 홉스가 말하는 자연 상태에서의 인간은 가지면 가질수록 더욱 더 가지고 싶어 하는 본성을 지니고 있다. 99개를 가진 인간은 한 개를 가지고 겨우 목숨을 부지해 나가는 인간에게 그 하나마저도 빼앗아서 100개를 채우려는 습성을 가지고 있다. 국제관계에서도 마찬가지 현상을 초래하여 왔으며 앞으로도 똑같은 행위는 지속된다고 할 수 있다.

미국의 역사를 보면 20세기의 백 년 동안 패권국으로서 자리를 유지하도록 한 것은 미국이 힘의 면에서 절대적으로 우위에 있었기 때문이다. 미국은 20세기에 일어난 가장 큰 전쟁인 1차대전과 2차대전을 거치면서 두 명의 위대한 대통령을 탄생시킨다. 1차대전 기간 동안에는 우드로우 윌슨 대통령이며 그는 힘을 바탕으로 하는 현실주의 국제관계 보다는 인권 등을 중요시하는 이상주의 정책을 추구해 나갔다. 독일의 무제한 잠수함 공격으로 중립을 지키던 미국이 1차대전에 참전하면서 승리를 이끈 것은 결국 힘을 바탕으로 한 국제관계의 중요성을 보여주었다.

반면에 2차대전 기간 동안에는 프랭클린 루즈벨트 대통령이 나타나서 힘에 의한 현실주의 정책을 추구해 나갔다. 그러나 약소국의 권리를 부르짖으며 국제연맹을 창설시킨 윌슨이나 현실주의의 힘을 바탕으로 한 국제연합을 창설한 루즈벨트는 모두가 같은 맥락인 힘을 바탕으로 하고 있었다.

20세기동안의 미국이 바탕으로 하던 힘을 분류하여 볼 수가 있다. 우선 2차대전 전 50년 동안 미국이 바탕으로 한 힘을 생각해 볼 수가 있다. 미국은 2차대전 전까지 세계에서 눈에 보이는 패권국으로서의 역할을 하지 못했다. 20세기 초반과 중반에는 사실상 세계 패권국의 부재 기간이라고 할 수 있다. 이마누엘 월러스틴 등 패권 안정론자들에 의하면 세계는 패권국이 나타나면 세계의 모든 안보는 초강대국인 패권국의 영향 하에 있기 때문에 세계의 평화와 무역 등의 번영을 초래한다는 것이다. 16세기의 포르투갈과 17세기의 화란과 19세기의 영국 등을 들 수 있다. 20세기를 4단계로 나누어서 1919년 1차대전 전까지의 미국과 국제사회와 관계를 제 1단계로 생각할 수 있다. 다음 단계는 2차대전까지를 제 2단계라고 규정 할 수 있다. 세 번째 단계는 소련을 비롯한 공산주의의 몰락인 90년까지이며, 마지막 단계는 90년대 초부터 현재까지를 들 수 있다.

◎ 힘에 의한 외교의 역사적 분류

제 1단계에서 미국은 형식상으로 패권국인 영국의 후원자이자 견제세력으로서 역할을 하였다. 약소국들을 열강 국들로부터 독립시키는 역할을 함으로써 하드파워인 군사적인 힘보다도 소프트 파워인 영향력이 더욱 더 많이 가지고 있던 시기이었다. 미국은 약소국 민족자결주의 등으로 일본의 식민지 통치하에 있던 한국을 비롯하여 많은 약소국의 편에 있는 것처럼 보였기 때문에 미국에 대한 신뢰도는 상당하였으며 영향력 또한 대단하였다. 이 시기에 미국은 하드파워인 군사력보다는 소프트 파워인 영향력이 더욱 큰 시기였다.

전 세계는 미국의 윌슨이 제창한 세계평화를 목적으로 제창한 국제연맹에 동참하기를 희망하였으며 미국은 약소국에게 희망과 비전을 제시하던 시기였다. 그러나 미국은 자신이 만든 국제연맹에 참여하지 않는 소극적인 면을 보이기는 했지만 일단 전 세계는 미국에 대한 믿음을 가지게 되었다.

다음으로 미국은 2차대전까지의 시기를 제 2단계라고 할 수 있다. 이 기간에 전 세계는 경제공항과 2차 세계대전을 맞게 된다. 경제공항을 맞은 원인은 뚜렷한 세계 패권국이 없었던 것이 중요한 원인중의 하나이다. 미국은 이 기간 중에도 전면적으로 나서지를 않고서 영국이 형식적인 패권국 행세를 했기 때문에 세계경제 공항이 일어난 것이다. 미국은 영국의 경제학자 케인즈의 이론과 미국 정부의 적극적인 개입으로 인해서 경제공항을 해결해 내었다. 미국의 대통령 프랭클린 루즈벨트는 경제공항을 타개하고 2차대전에는 참전하지 않고 있다가 다시 2차대전에 참전 전쟁을 승리로 이끌면서 전 세계는 완전히 미국 중심의 세계가 되었다. 미국은 패권국의 역할을 하지 않을 수 없었으며 전 세계의 안보와 경제는 미국 중심으로 돌아가게 되었다.

제 3기는 2차대전 이후 소련을 비롯한 공산주의 몰락까지를 제 3기로 볼 수 있으며 미국은 도전국인 소련의 견제속에서 하드 파워인 군사력과 소프트 파워인 신뢰성을 가지고 있었기 때문에 패권국으로서의 위치에 상응하는 힘을 동시에 유지해 나갈 수 있었다. 미국은 전후 초기의 전 세계의 생산량의 거의 과반수에 달하는 엄청난 경제력과 미국만이 유일한 핵보유국으로 명실상부한 패권국으로서의 위치를 확보하고 있었다. 그러나 월남전의 패배와 일본과 유럽 국가들의 경제회복으로 인한 경쟁 상대국으로서 등장은 미국이 소련을 비롯한 강대국으로부터 패권국의 위치를 위협받았다. 그러나 이 기간 동안 하드 파워인 군사력은 약화되기는 했으나 소프트 파워인 신뢰도 등 미국에 대한 국제사회에서의 매력은 크게 실추되지 않았다. 따라서 이 기간 동안 미국은 군사력의 쇠퇴와 신뢰도의 유지라는 불균형을 상태를 나타내었다.

마지막 단계인 1990년부터 현재까지의 미국은 쇠퇴기의 단계에 들기 시작하였다. 일반적인 주기순환론자들이 말하는 백년주기의 주기순환론을 보면 미국은 1990년의 소련의 몰락을 계기로 쇠퇴기에 접어들게 된 것이다. 소련의 몰락은 미국이 유일 패권국의 위치에 앉게 되었지만 소련과 동반 몰락의 길로 들어서고 있다는 것이다. 미국은 1991년의 걸프전에서는 많은 나라들의 지원을 받아서 전쟁을 치렀다. 전쟁에 필요한 군비제공도 여러 국가들로부터 받아내었다. 이것은 미국이 국제사회에서 아직까지 신뢰성을 가지고 있었다는 것을 의미하였다. 그러나 9.11 테러이후 미국이 이라크와의 전쟁에서는 전 세계는 미국에 대한 지원을 하지 않았다. 심지어 유엔에서까지 지지를 끌어내지 못한 것은 미국이 군사력인 하드 파워 면에서는 팽창정책으로 인해서 강화되었지만 미국에 대한 신뢰도와 매력 등을 포함한 미국이 국제사회에서 영향력을 보여주는 소프트 파워 면에서는 급격하게 감소하였다는 것을 보여주고 있다.

군사적인 면에서 미국은 현재 나토에 약 6만 8천 명 정도로 가장 많이 배치되어져 있으며 다음으로 한국에 약 2만 7천명, 일본에 약 3만 명 정도 수준이다. 전 세계 80여 개국에 미군이 배치되어 있기는 하지만 사실상 미국은 9.11 이후의 늘어나는 군비를 감당하지 못하고 있는 실정이다. 따라서 이러한 실정에서 미국은 세계 각국들의 경제적인 도움과 뒷받침 없이는 군사력을 움직이기가 힘들기 때문에 미국의 하드 파워인 군사력이 한계점에 달하고 있다.

전 세계는 미국의 아프가니스탄 공격과 이라크의 후세인 제거 등으로 인해 반미감정이 고조되고 있다. 이라크나 아프간도 완전히 끝난 전쟁이 아니다. 이라크나 아프간 내의 지속적인 테러행위는 군사적으로는 승리를 했지만 완전한 승리라고 할 수가 없다. 이란과 북한 등 미국에 대한 적대국가들이 핵무기를 개발하는 경우 미국은 군사적인 영향력은 급속히 감소할 것이 틀림없다. 이란과 북한 등의 핵개발의 성공을 시간을 늦추기는 가능하지만 핵개발을 영원히 저지하기는 불가능하다. 아울러 이란 등 이슬람 국가들의 테러리스트들은 핵을 운반하기가 훨씬 용이하게 되었다. 점차적으로 기술의 발달로 인해서 핵무기를 플라스틱 통 등에 넣어서 용이하게 운반할 수가 있을 것이다. 따라서 전쟁은 조직적이고 거대한 군사력을 가진 국가에게 일부 몇 사람의 테러리스트들이 이길 수 있는 시대가 도래 하고 있다. 지난번 9. 11테러는 몇 명의 테러리스트들의 침략행위로 인해서 일본의 진주만 기습 때 받은 인명피해보다 더 큰 피해를 입었다. 따라서 앞으로 미국은 핵을 쉽게 운반해서 미국 본토의 몇 군데에 있는 핵발전소에 동시 다발적으로 침략을 하면 전쟁은 끝이 나게 된다.

따라서 이러한 추세로 보면 미국은 벌써 여러 가지 각도에서 몰락의 길로 추락하고 있다는 것을 어느 정도는 이해를 할 수가 있다.

◎ 정당성을 합법화하는 선제공격

조지 부시 2세가 들어선 이후 미국은 국제관계는 오로지 힘에 의한 지배만을 강조해 나가고 있다. 현재 미국 외교를 주도하고 있는 딕 체니 부통령, 콘돌리자 라이스 국무장관, 폴 울포위츠 세계은행총재, 잘메이 칼릴자드 주 유엔주재 대사 등 신보수주의자들인 네오콘은 국제관계에서 힘의 중요성을 더욱 강조하고 있다. 네오콘의 목표는 강력한 군사력을 바탕으로 한 과감한 행동을 원칙으로 하는 외교정책을 펴나가는 것이다. 문제는 네오콘들은 강한 힘을 이용하여 전 세계인들에게 알카에다나 북한 등에 대해서 테러공포증을 유발시켜 놓고서 정당성을 합법화시킨 후에 군사적인 선제공격을 시도하는 것이다.

정당성을 합법화시킨 후에 군사적인 행동을 감행하는 것

은 미국만이 주장하는 정당성에 기인하고 있다. 현재 미국은 이라크 후세인 제거에 미리 초점을 맞추어 놓고서 다음 수순으로 세계로부터 정당성을 부여 받고나서 이라크를 공격하였다. 이라크 공격으로부터 미국이 노린 효과는 미국에 대항하는 국가에 대해서는 공격을 당하고 제거된다는 것을 보여줌과 동시에 전 세계 어느 나라든지 또한 모든 테러리스트들이 미국에 도전하면 이라크와 같은 처지가 될 수 있다는 보복보다는 예방차원에서의 전쟁이었다. 부시는 이라크 전에 앞서서 전 세계는 이제 모 아니면 도를 선택하여야 한다. 이 지구상 모든 지역의 나라들은 이제 결정을 내려야 한다. 미국과 한 배를 타든가 아니면 테러리스트 편에 서든가 하여야 한다고 전 세계에 대해서 미국에 동참하기를 요구하고 나섰다.

역사적으로 볼 때 미국은 영국과 독립전쟁으로부터 시작해서 1차대전이나 2차대전에 미리 참전계획을 세워놓고서 참전하기 전에는 다른 나라들과는 달리 항상 전쟁의 정당성부터 끌어내는 일에다 주력을 두었다. 따라서 정당성을 부여받기 위해서는 항상 명분을 만들어 왔다. 미국이 만들어내는 명분은 지상의 자유주의는 승리한다는 자유에다 초점을 맞추고 있다. 아프가니스탄과의 전쟁도 테러리스트들에게 근거지 제공도 있지만 근본적으로는 탈레반 정부의 자유주의의 위반에다 명분을 두고 있다. 이라크와의 전쟁도 후세인의 독재 행위에다 전쟁 원인을 제공하고 자유 해방군이라는 명분으로 이라크를 공격하고 후세인을 제거 시켜버렸다.

이라크와 함께 미국이 눈의 가시와 같이 생각하고 제거

하려고 하는 국가로서는 이란과 북한이다. 북한과 이란은 핵무기를 개발하여 미국의 본토에 공격을 할 수도 있다는 생각을 가지고 있다. 북한과 이란을 제거하기 위해서 세계 평화 유지라는 명분을 만들어 나가고 있는 것이다.

미국을 주도해 나가고 있는 힘을 바탕으로 한 네오콘의 사상은 어디에 근원을 두고 있는가. 네오콘은 미국 시카고 대학의 정치사상가 네오 스트라우스의 사상으로부터 나왔다고 한다. 60년대 시카고대학에는 국제정치학을 가르치던 학자는 한스 모겐소 교수와 사상사 쪽에서는 네오 스트라우스 교수가 있었다. 한스 모겐소는 정통 국제정치학자로서 현실정치에 참여하여 미국의 월남전 개입에 반대를 하였다. 또한 힘에 의한 현실외교정책을 주장한 학자이었다. 반대로 네오 스트라우스는 플라톤 등 고전 정치철학자들의 정치사상등에 관심을 가지고 있었기 때문에 국제관계의 학자라기보다는 정치사상가라고 볼 수 있다. 그러나 폴 울포위츠 등 미국외교를 주도해 나가고 있는 핵심멤버들의 일부가 당시 시카고대학에서 스트라우스의 제자라는 점이다. 이러한 점을 감안하여 힘에 의한 미국외교를 움직이는 집단을 네오 스트라우스의 이름을 따서 '네오콘'이라고 한다.

◎ 하드파워 VS. 소프트 파워

힘에 의한 외교정책을 추진해 나가는 미국에 대해서 힘은 두 가지로 나누어 볼 수 있다. 하나는 군사력을 바탕으로 하는 하드파워의 힘을 생각 할 수 있다. 다른 하나는 군사력이 아닌 사람의 마음을 끄는 힘인 소프트 파워로 나눌 수 있다. 세계 패권국인 미국이 쇠퇴기를 거쳐서 종말론으로 가고 있다는 말이 나오기 시작했다. 그 말은 미국이 소프트 파워인 세계 여론으로부터 신뢰성을 잃어버리고 있다는 말이다. 미국이 점차적으로 국제사회에서 공신력을 잃어버리고 있다는 것을 의미한다.

미국의 군사력이 강해지면 질수록 그에 대한 반작용으로 세계인들이 미국에 대해서 끌리는 매력은 반비례 현상이 나타나고 있는 것이다. 하드 파워인 군사력과 소프트 파워인 미국에 대한 세계 여론의 힘을 비교하면 어느 쪽이 더 강한가. 미국이 하드파워인 군사력과 소프트 파워인 세계 여론 양쪽에서 모두 상승세를 타고 있다면 분명히 미국의 종말에 대한 말은 확신감이 없다. 그러나 현재 미국은 전 세계로부터 지나친 팽창주의 정책을 비난받고 있다. 또한 전 세계에 테러분자들에 대한 공포를 지나칠 정도로 확산시켜 나가고 있다.

미국이 힘에 의한 외교정책을 추진하면서 특히 9.11 이후는 완전히 테러와의 전쟁을 추구해 나가고 있다. 미국 자체 내의 여론도 점차적으로 분열 현상이 나타나고 있다. 힘에 의한 밀어붙이기식 외교를 추진해 나가는 것에 대해서 반대의 목소리가 점차적으로 커져가고 있기는 하지만 미국 특유의 애국심으로 인해 어느 정도는 공감대를 형성하여 인정을 하고 있다. 그러나 국외에서의 미국에 대한 여론은 점차적으로 악화되어져 가고 있다. 특히 이라크를 무력으로 침공한 이후 세계 여론은 미국의 무한정 팽창정책에 대해서 비난의 여론이 빗발치고 있다. 미국과 가장 친근한 영국에서까지 미국이 유엔을 무시하고 동맹국과 단결해서 이라크를 무력으로 침공한 것에 대해서 맹비난을 퍼부었다.

◎ 전 세계에 부는 반미감정

이라크 전쟁이후 영국 블레어 정부에 대한 지지율의 급속한 하락 등을 들 수가 있다. 또한 프랑스 국민들도 이라크전에 대해서 전적으로 반대의 의사를 표시했으며 현재 미군이 6만 8천 명로 세계에서 가장 많이 파병되어져 있는 독일도 이라크전쟁에 반대를 하였다. 공산주의 국가들도 마찬가지로 미국의 이라크침공을 반대했다. 중국은 미국과 이라크 전쟁에 대해서 적극적으로 반대하고 주변 국가들의 반대에 동참하는 여론을 주도 하였다. 러시아 역시 미국의 이라크 침공을 저지하였다.

자유주의를 앞세우고 이라크를 침공한 미국에 대해서 전 세계는 분노의 표시를 하였다. 더욱이 전쟁에 참여하여 미국을 도왔던 호주와 영국에서조차 미국에 대한 호감도가 급격히 하락하기 시작하였으며 독일과 프랑스 등 유럽 국가들은 미국 물품 불매운동에 나섰다. 또한 미국과 군사적으로 친근한 터키는 미국이 이라크 전 당시 터키의 영공을 통과하는 것을 허용하지 않았다. 프랑스에서는 미국 햄버거의 상징인 빅 맥과 같이 먹는 프랑스 이름으로 된 튀김 감자인 프렌치 프라이를 프리덤 프라이로 이름을 아예 바꾸어 버렸다. 여기에 맞서 미국은 토스트의 상징인 프렌치 토스트를 프리덤 토스트로 이름을 바꾸고 프랑스를 대표하는 샴페인인 동 페리 뇽과 겨자 소스인 디종을 폐기처분 하였다.

미국은 이제 인류역사상 로마 이래 최강국으로 등장하였다. 물론 로마만큼 강하지는 못하지만 세계 최강국인 것만은 틀림없다. 얼마 전까지 문명충돌론으로 우리에게 알려진 하버드 대학의 사무엘 헌팅 톤을 비롯한 일부 보수주의자들은 미국은 이제 전 세계를 상대로 싸워도 승산이 있다고 보고 있다. 미국 보수주의자들의 주장에 대해서 미군이 관여하는 국가의 숫자를 보면 어느 정도는 이해가 간다. 현재 전 세계의 80여 개국에 미군이 배치되어져 있다. 현재 지구상에 존재하는 국가는 230여개 정도이다. 미국이 80여개 국가에 자국의 군인을 배치하고 있다는 말은 전 세계의 3분의 1일 이상이 미군으로 채워져 있다는 말이다.

◎ 패권주의에 대한 견제세력

2000년에 들어서면서 세계질서 차원에서 미국 패권주의는 서서히 종말로 치닫고 있다는 말이 나오고 있다. 미국 혼자만의 독주를 막는 세력들은 단극체제에서 다극화체제의 운영을 주장하고 나서고 있다. 중국과 러시아와 프랑스 등 강대국들이 미국에 대한 견제세력으로서 국제관계에서의 힘의 분산을 주장하고 나서고 있다. 프랑스와 더불어서 독일에서도 미국의 대 이라크 전략을 맹비난하고 나섰다. 유럽의 강대국들은 미국의 독주에 제동을 걸기 시작하면서 대신에 유럽연합을 강하게 추진해 나가고 있다. 유럽 국가들의 강한 결속력이 시작된 것이다. 유럽의 미국에 대한 제동장치는 미국의 패권주의 독식에 대한 강한 견제를 나타내고 있는 것이다. 러시아 역시 유럽의 미국 견제에 대해 유럽을 도와주고 있다. 역사적으로 볼 때 오랫동안 세계를 지배해 온 세력균형론이 다시 등장하고 있는 것이다. 나폴레옹이 유럽을 휩쓸어버린 이후 유럽 국가들은 나폴레옹에 대항하여 강한 결속력을 가지고서 프랑스를 무너뜨렸다. 그 후 유럽은 오래 동안 세력균형 체제를 구축해 나갔다.

유럽이 러시아 및 중국 등과 합세하여 미국에 대해서 힘의 분산을 주장하고 나서고 있는 감을 주고 있다. 오리엔탈 국가에서 초강국 중국이 미국에 대해서 견제정책을 쓰고 있다. 이러한 중국의 미국 견제정책에 미국은 동북아에서 경제대국이자 군사동맹국인 일본을 끌어들여 중국 잠재우기 전략을 추진해 나가고 있다. 역사적인 차원에서 보면 미국도 이제 강대국들의 도전을 받기 시작한 것이다. 유럽과 아시아를 합친 유라시아 세력과 냉전시대의 공산주의 체제 세력이었던 중국과 러시아가 합쳐서 미국에 대한 견제세력으로 등장 할 수도 있다. 특히 유럽통합 세력인 EU가 급성장하면서 미국에 대한 견제세력 등장의 가능성을 보여주고 있다.

◎ 지정학적 차원에서의 미국의 위치

지정학적인 차원에서도 미국은 대서양과 태평양을 사이에 둔 고립된 나라이다. 초기부터 미국은 스스로 전략적으로 고립을 원했다. 이것은 미국인들의 남의 일에 간섭하기 싫어하는 개인주의 정신에 기인하기도 했지만 지정학적으로 미국은 강대국 대열에 들어설 만큼 지리적으로 중요하지 않다는 것이었다. 고전 지정학자이자 대륙 세력론자인 매킨더의 심장부이론을 근거로 보면 미국이 지정학적으로는 패권국으로서 오래 버티기가 힘든 고립된 나라로 보고 있다.

미국이 패권국으로 강한 국력을 가지게 된 원인은 국가의 면적과 지리적 위치가 중요한 역할을 하였다. 미국은 지리적으로 유럽으로부터 떨어져서 대서양과 태평양으로 거대한 천연장벽이 미국을 보호해 주고 있기 때문에 독일이나 프랑스 등 유럽강대국들과는 다른 지리적 조건이 아주 좋은 위치에 놓여있다. 따라서 미국은 아직까지 한 번도 다른 나라의 침략을 받은 일이 없었다. 여기에다 북쪽으로는 영연방 국가인 캐나다가 남쪽에는 역시 자유주의 국가인 멕시코가 위치하고 있고 있기 때문에 미국 본토는 지리적으로 패권국으로서 가장 좋은 지리적 환경을 갖추고 있다.

미국이 타국의 침략을 받은 일은 단지 일본이 2차대전 당시 진주만 습격으로 인해 본토가 아닌 하와이에 습격을 당한 사건이 미국이 최초로 공격을 당한 사건이었다. 그러나 일본의 하와이 습격은 미국 본토가 아니기 때문에 정확하게 말하면 미국은 여태까지 한 번도 침략을 당한 사실이 없다. 최근의 2001년의 9.11테러로 인해서 미국의 국방정책의 심장부와 무역중심센터가 공격을 당했다는 것은 미국 본토도 더 이상 안전지대가 아니며 이제 전쟁의 형태가 새로운 형태의 전쟁으로 변하고 있다는 것을 보여주었다.

영국을 세계 패권국으로 만든 것도 도버 해협을 사이에 두고서 유럽의 대륙과 떨어져 있었기 때문에 영국은 위기시마다 잘 극복을 할 수가 있었다. 나폴레옹의 침략이 유럽을 휩쓸 때 영국은 도버해협의 덕분으로 넬슨은 해군력으로 나폴레옹을 격파하여 나폴레옹의 세계 패권의 꿈을 접게 만들었다. 또한 히틀러가 유럽을 손아귀에 넣었을 때도 히틀러의 공중 공격을 받아서 상당한 타격은 받았지만 유럽대륙과 약간 떨어져 있다는 지리적 환경이 영국을 치명적인 위험으로부터 구해주었다. 따라서 영국도 미국과 마찬가지로 역사적으로 한 번도 국가가 다른 나라의 수중에 넘어가는 위기는 없었다. 그 원인은 사방이 해안선으로 둘러싸여 있기 때문이다. 영국과 마찬가지로 일본 역시 중국이나 한국 등의 침략으로부터 막을 수 있었던 것은 해양국이기 때문이다. 일본을 세계 초강대국의 위치를 확고하게 만든 러일전쟁은 물론 동맹국 영국을 비롯한 유럽 열 강국들의 지원과 러시아에 대한 견제도 작용을 하였지만 육군국인 러시아를 해전에서 격파할 수 있는 지리적 환경이 중요한 역할을 하였다.

◎ 지리적 요건으로서 해양세력 VS. 대륙세력

지리적인 요건으로 보아서는 해양국과 육상국 중에서 어느 쪽이 더 유리한 것인지에 대해서는 위치와 상황에 따라서 다르다. 옛날부터 중국이 동양에서 절대적 강대국으로 위치를 확보한 이유는 넓은 국토와 인구 때문이다. 러시아 역시 넓은 면적의 국토가 크게 보호를 받았었다. 예를 들면 나폴레옹 전쟁 당시 러시아는 넓은 지리를 이용하여 침략해 오는 나폴레옹 군대를 도망하면서 불태우는 초토화 작전을 감행하여 후방에서 오는 보급로를 차단해 버리는 전략으로 나폴레옹 군을 완전히 항복시켰다. 지리가 넓으면 넓을수록 그 국가에 깊이 쳐들어가기 위해서 기하급수적인 군대와 보급이 필요하기 때문에 어느 정도 이상은 더 침략을 할 수가 없다. 2차대전 당시도 히틀러군은 러시아를 완전히 정복하지 못한 이유가 바로 넓은 국토 때문이다.

육상국과 해양국의 지리적 환경은 상당히 중요한 역할을 하였다. 최초의 전쟁은 해양국 아테나가 육상국인 스파르타를 이김으로 해양국의 승리를 보여주었다. 그 후 육상국 로마와 해양국인 카르타고와의 전쟁은 지중해에 한복판에 있는 작은 섬나라 카르타고와 대제국 로마와의 전쟁에서 로마는 해상권을 카르타고에게 빼앗기면서 지중해 통로가 완전히 차단되었다. 여기에다 카르타고의 영웅 한니발은 로마의 천연 장벽인 알프스 산맥을 넘어서 로마를 공격함으로서 대제국 로마의 권위를 완전히 실추시켰다. 그러나 그 후 로마는 카르타고를 공격하여 카르타고를 멸망시키고 지중해 해상권을 장악하였다.

알프스 산맥은 유럽에서 중요한 요새이기는 하지만 프랑스의 경우는 알프스가 천연적인 보호 장벽이 되지만 이태리의 경우는 알프스 산맥으로 인해서 적이 용이하게 공격해 들어올 수 있도록 하기 때문에 오히려 알프스 산맥은 지리적으로 방해적인 요소로서 작용을 하고 있다. 로마와 카르타고와의 전쟁에서 카르타고의 한니발이 알프스 산맥을 넘어서 로마를 침공하여 로마가 위기에 몰린 원인은 바로 여기에 있다. 당시 로마는 알프스 산맥을 커다란 자연성벽으로 생각하고 군사적인 방위를 소홀히 하고 있다. 나폴레옹 역시 유럽을 지배하는데 알프스 산맥을 이용하여 공격을 하였다.

또한 남부에 위치하여 스페인을 보호하고 있는 피레네 산맥은 스페인이 유럽의 중심으로 진출하는 것을 방해하는 요소로 작용을 하여서 스페인이 유럽에서 중심국가가 되지 못한 원인은 피레네 산맥이 중요한 원인으로 작용을 하고 있다. 스페인으로 보아서는 피레네 산맥은 적을 막아내는데 좋은 천연장벽 역할을 하지 못 할뿐더러 유럽중심부의 강대국 대열에 들어서는데 방해가 되고 있다.

한반도의 경우는 지리적으로 불리한 위치에 있다. 일본이 대륙으로 진출하기 위해서는 한반도를 정거장으로 하여 진출하여야 하며 대륙국가들 역시 일본으로 진출하기 위해서는 한반도를 거쳐야 한다. 따라서 한반도는 일본이나 중국이 팽창정책을 추진해 나가기 위해서는 절대적으로 필요한 곳에 위치해 있다. 현재 패권국 미국에게는 한반도가 동북아에서 중국과 러시아를 견제하는데 한국이 절대적으로 중요한 위치에 있기 때문에 항상 한반도를 아시아에서 발판으로 삼고 있다.

세계 최강의 해군국이지만 현재까지도 육군은 러시아나 중국에게 밀리고 있는 미국으로서는 한반도가 지리적으로 같은 해양세력이자 동맹국인 일본보다 훨씬 지리적으로 유리한 위치에 있다. 따라서 역사적으로 보아서도 한반도는 대륙세력과 해양세력이 항상 부딪치는 위치에 있기 때문에 한국은 중국의 조공국이나 일본의 식민지 국가로서 침략을 당해왔다. 현재 미국은 해군본부를 태평양의 하와이에 두고서 몇 개의 함대를 가지고 전쟁을 치른다. 대만이나 한반도의 경계가 필요하다고 생각하면 수시로 함대를 이용하여 한국이나 일본과 함께 군사작전을 하여 중국이나 러시아에게 동맹국임을 과시하고 있다.

최근에 미국이 동북아에서 군사중심지를 한국에서 일본으로 옮긴 것은 전쟁이 과거보다 시공간을 초월하여 빨리 움직여서 대처해 나갈 수 있는 시대가 되었기 때문이다. 여기에다 미국은 육군의 약세를 보완하기 위해서 공군력을 강화시켜 나가고 있다. 군사대국인 중국을 견제하고 잠재우기 위해서 경제대국인 일본을 이용하자는 군사적인 전략이다. 수년전에 중국은 미국과 러시아에 이어서 세계에서 세 번째로 유인우주선 발사에 성공을 하면서 중국의 국력을 과시함과 동시에 패권국 미국에 대해서 일본만큼 미국을 대우하거나 존경을 하지 않고 오히려 미국에 대해서 도전적인 자세로 나오고 있다. 미국은 일본의 고위 관리인 아마야 나오히로가 일본이 가장 바라는 자리는 부통령 자리라는 말에 대하여서 미국은 크게 기뻐하고 있다. 아마야 나오히로는 일본의 정통경제 관료로서 일본과 미국과의 관계와 또한 일본과 중국과의 관계를 정확하게 내다보고서 한 말이다. 일본이 현재 바라는 자리는 중국을 제치고 미국 다음의 강대국이 되겠다는 것을 의미하고 있다. 현재 일본은 미국 다음의 세계 2위의 경제대국이기는 하지만 마음만 먹으면 경제력을 이용하여 금방 핵무기를 개발하여 성공을 할 수 있다. 따라서 일본은 미국과의 밀착을 통해서 중국을 제치고 세계 2위인 부통령의 자리를 희망하고 있다는 것을 의미하고 있다.

지난 과거 일본의 역사를 보아서도 일본은 같은 해양국인 미국과 영국 등의 해양국의 도움으로 세계 최강의 육상국인 중국과 러시아를 격파하고 미국 다음의 부통령 자리를 물려받았다. 따라서 현재 일본이 원하는 자리는 중국을 견제하고 미국의 도움으로 러시아와 중국을 누르고 패권국 다음 자리를 원하고 있는 것이다. 미국도 일본과 중국의 국민성을 잘 파악하고 있다. 중국은 하늘아래 두 개의 태양은 있을 수 없다는 중화사상을 가지고 있으며 중국이 패권국 미국을 재치고 가장 중심국이 되어야만 한다는 생각을 가지고 있다는 것을 잘 알고 있다. 그러나 일본은 미국으로 보아서는 패권국 다음 자리를 주더라도 금방은 미국에게 도전하는 도전국으로 변하지는 않는다고 믿고 있다.

현재 중국은 세계에서 국력이 미국과 러시아에 이어서 3위정도로 추정할 수 있다. 물론 국력은 그 국가의 군사력과 경제력과 외교능력 및 국민성까지 파악하여야 하지만 중국이 국력 과시용으로 미국과 러시아에 이어서 유인우주선발사를 성공한 것을 보면 세계의 패권국에 대한 도전국으로 나서겠다는 의도가 있다고 추정할 수 있다.

◎ 시어도어 루즈벨트와 매킨더의 심장부이론

육상국과 해양국 가운데에서 어느 쪽이 더 지리적으로 유리한 위치에 있는가에 관한 연구가 오래 동안 연구의 대상이 되었다. 미국 시오도어 루즈벨트 대통령은 당시 그의 보좌관이었던 알프레드 마한의 충고를 받아들여서 해군력을 강화시키는데 주력한 결과 미국은 현재 세계 최강의 해군국이 되었다. 시어도어 루즈벨트 대통령 역시 해군차관 출신으로서 후에 파나마 운하의 건설을 추진한 인물이었다. 마한의 이론은 영국이 세계 패권국이 된 원인은 전 세계의 해협을 연결하는 통로를 잘 이용하고 있다는 것이다. 마한은 영국이 도버해협에서 시작해서 남아공의 희망봉과 싱가포르 해협 등 전 세계의 해협을 수로로 이용하였기 때문에 패권국이 될 수 있었다는 것이다. 이러한 마한의 이론을 바탕으로 루즈벨트는 영국을 제치고 세계 최강의 해양국으로 만들었다.

이와 반대로 영국의 지정학자 매킨더는 심장부이론을 주장하여 대륙국의 중요성을 주장하였다. 매킨더에 의하면 세계를 지배하기 위해서는 유럽의 심장부부터 지배를 하여 여러 단계를 거쳐나가야 한다는 것이다. 유럽의 심장부인 하트랜드는 폴란드와 독일의 국경의 동유럽 지방을 말하며 첫 단계인 하트랜드만 차지하게 되면 두 번째 단계는 유라시아 즉 유럽과 아시아를 지배할 수 있으며 유라시아를 지배하는 자는 세계를 지배 할 수 있다는 이론이다. 매킨더의 하트랜드이론은 히틀러가 이용하여 2차대전이 일어나면서 폴란드부터 점령하였다.

◎ 지리적 요인

미국종말과 관련하여 국력을 분석해 볼 필요가 있다. 국력의 요인은 다양하기 때문에 측정하기가 힘이 든다. 특히 국력의 중요한 요소인 군사력은 비밀로 하기 때문에 더욱 측정하기 어렵다. 일반적으로 국력은 지리적 요건과 천연자원, 국민의 소질 및 두뇌, 인구, 공업화, 사회구조, 문화 및 국민성, 리더십 등 많은 요소들을 포함시켜서 생각할 수 있다.

지리적 요건은 국력에 있어서 중요한 요소이다. 국토의 면적도 국력으로 작용을 하고 있다. 지정학적 요소와 지리적 요소는 엄밀하게 따지면 다르다. 지정학적 위치는 시대상황과 국제정세에 따라서 변하는 반면 지리적 요소는 바뀌지 않는다. 한국의 경우를 지정학적 관점에서 보면 한국은 세계 4강인 미국, 중국, 러시아, 일본에 둘러싸여있는 위치에 있다. 지리적인 위치는 한반도는 중국과 일본 사이에 있다. 전통적으로 한국은 군사 문화적인 차원에서 일본과 중국의 교량적 역할을 했다. 일본이 중국과의 전쟁을 하기 위해서는 한반도를 통해야 하기 때문에 한국에게 교량역할을 요구했었다. 중국 역시 일본과의 전쟁을 위해서는 정거장인 한국이 필요했다. 문화적으로도 중국의 문물이나 일본 문화를 중국이나 일본에 전달하는 다리 역할을 해왔다.

지리적인 요인으로 보면 한국은 중국과 일본 사이에서 항상 침략상대로 되어져 왔다. 일본과 중국 중 어느 한쪽이 강해지면 반드시 넘보는 지역이 바로 한국이다. 지정학적으로 보면 한국은 지리적으로 떨어져 있지만 미국이 항상 손을 떼지 못하는 지역이다. 중국, 러시아, 일본이 지리적으로 한국에 맞물려져 있기 때문에 동북아에서 세력 확보를 위해서 한국의 발판이 필요하기 때문이다. 지리적으로나 지정학적 중요성 때문에 한반도는 강대국들이 항상 침략대상 일순위에서 올려놓고 있다. 외교사적 관점에서 한국과 비슷한 지리적 및 지정학적 위치에 있는 나라는 유럽의 폴란드를 들 수가 있다. 유럽은 강대국들 간의 세력의 균형이 깨어지게 되면 항상 전쟁으로 이어졌다. 강대국들 간의 전쟁이 발생하면 제일 먼저 침략을 당하는 나라가 폴란드이다. 2차 대전이 일어나면서 독일이 제일 먼저 침공한 나라가 폴란드였다. 폴란드가 유럽에서 항상 제일 먼저 침략을 당하는 이유는 지리적으로 군사적 이용 요충지역으로 중요한 위치에 있다고 보기 때문이다.

영국의 지리학자 매킨더는 심장부이론에서 폴란드 점령의 합리성을 내세웠다. 심장부 이론이 중요한 의미를 갖는 것은 히틀러가 심장부 이론에 의해 제일 먼저 폴란드를 침략했기 때문이다. 히틀러는 핵심 참모들이 항상 콤파스를 휴대하고 회의에 참석하도록 했다. 지도를 보고 참모들을 콤파스로 침략 중심거리를 기억시키기 위해서였다.

지정학자들은 미국을 최강국으로 만든 것은 지리적인 요소와 지정학적 요인에서 찾고 있다. 지정학에 세계가 관심을 가지기 시작한 것은 19세기의 지리학자 독일의 라젤과 스웨덴의 케젤렌에서부터 시작되었다. 이어서 독일의 하우스호프가 지정학 아카데미를 설립하면서 지정학에 대한 세계 각국들 간에 경쟁이 시작되었다. 미국을 세계 최강의 해양국으로 만든 대통령은 시어도어 루즈벨트 대통령이었다. 루즈벨트는 미국 해군 장교출신이자 지정학자였던 알프레드 마한의 이론을 수용하여 미국을 최강의 해양국으로 만들었다. 마한의 이론에 의하면 영국이 세계 패권국이 되기 위해서는 최강의 해양국이기 때문이다. 세계 패권국이 되기 위해서는 해양을 지배해야 하며 특히 해협을 지배해야 한다. 영국은 도버, 지브롤터, 알렉산드리아, 희망봉, 말라카 해협 등 주요 수로를 지배함으로써 세계패권국이 된 것이다. 미국은 루즈벨트를 시작으로 세계 최강의 해양국이 되기 위해서 총력을 기울였다. 그 결과 미국은 순수 해양국인 영국과 일본을 제치고 세계 최강의 해양국이 되었다.

패권론에 대한 육상국 우위론자들은 역사적 순환론을 주장하고 있다. 역사적으로 볼 때 육상국과 해양국 중에서 항상 육상 국이 해양국보다 세계 패권국이 되기 위해서는 우월한 위치에 있었다.

육상국 우위론은 히틀러에게 아이디어를 제공한 매킨더에서 찾을 수 있다. 매킨더는 인류역사의 첫 해양국과 육상국의 싸움에서 육상국인 마케도니아가 해양국 그리스를 격파하여 지중해를 닫아버린 경우를 들고 있다. 두 번째 육상국과 해양국의 격돌은 육상국인 로마가 해양국인 카르타고를 격파하여 지중해를 닫아버린 경우를 들고 있다. 그 후 해양국인 영국도 유럽의 육상국들의 도전을 받았다는 것이다.

영국이 세계 패권국가가 된 원인을 해상권 장악에 두고서 미국은 영국모델을 따랐다. 영국이나 일본이 섬으로 고립되어 있기 때문에 해안선이 바로 성벽이다. 순수 섬나라는 아니지만 미국은 대서양과 태평양이 어느 정도는 자연성벽이 된다. 미국은 태평양과 대서양 두 거대 대양의 자연성벽에 7함대를 위시한 함대를 배치함으로서 미국 본토는 안전지대로 보았다. 7함대만 움직이면 전 세계는 전운이 감돌 정도로 겁을 먹었다. 9.11사태는 미국 국방성이 허물어질 정도의 허점을 보여 주었으며 천연적인 지리적 장벽의 중요성이 달라지고 있음을 보여 주었다. 과거 역사적으로 볼 때

국가의 국력은 그 국가의 지리적 위치가 중요한 역할을 하고 있다. 미국과 영국이 세계 패권국으로 위치를 차지할 수 있었던 것은 영국은 도버해협을 사이에 두고서 유럽대륙과 국경선을 두고 있었기 때문이며 미국 역시 대서양을 사이에 두고 유럽으로부터 떨어져 있었기 때문에 초창기부터 유럽 강대국들의 견제를 받지 않고서 국력을 성장시킬 수 있었다. 지리적 요소는 점차적으로 중요하지 않게 되어가고 있다. 그 원인은 과학의 발달로 인해서 신무기는 거리를 초월해서 공격을 할 수 있기 때문이다.

미국과 이라크와의 전쟁과 미국과 아프가니스탄과의 전쟁에서 미국이 사용한 신무기의 위력은 국가의 지리적 요소가 중요한 역할을 하지 못한다는 것을 보여주었다. 특히 이라크의 사막과 아프간의 산악지대는 과거에는 난공불락의 요새로 여겨져 있었으며 1979년 소련이 아프간의 공격에서 패배한 원인은 바로 아프간의 험악한 산악 때문이었다. 그러나 이번 전쟁에서 미국은 최신 무기를 사용하여 아프간을 불과 2주 만에 항복시키고 말았다. 또한 이라크의 사막의 모래바람도 신무기 앞에서는 방패가 되지 못하고 4주 만에 무릎을 꿇었다.

신무기의 급속한 개발은 사정거리 오차의 범위의 한계를 급속하게 줄여나가고 있으며 신속한 공군력을 필요로 하고 있다. 90년대 초의 걸프전에서의 목표물 오차범위는 6미터이었으나 현재는 오차범위가 더욱 더 좁혀지고 있다. 또한 신속한 공군력의 필요성 때문에 인접 지역 국가들의 영공통과 등의 협조 없이는 전쟁이 힘들어지게 되었다. 따라서 현대의 전쟁은 다른 나라와의 협조를 필요로 하는 전쟁으로 변하고 있다. 지난번 이라크전에서 터키가 미국 지상군의 접근금지와 공군의 터키 영공 통과를 거부하여 미국이 상당히 곤경에 처한 사실을 보아서도 주변국들의 협조없이 외톨이로서 전쟁을 치르는 것은 불가능하게 되어가고 있다.

1975년 미국이 10년 동안 끌어오던 월남전에서 패배한 근본적인 원인은 바로 월남이 가지고 있던 밀림지대 때문이었다. 미국은 결국 밀림지대에서 전쟁을 할 수가 없었기 때문에 항복을 하고 말았다. 그러나 지금과 같은 신무기는 밀림지대도 장벽이 되지를 못한다. 따라서 지금은 국가가 지니고 있는 지리적 조건은 국가의 국력에 크게 활용되지 못하고 있다. 한국의 경우도 한국동란 당시는 한강이나 낙동강을 사이에 두고서 치열한 교전을 하였으나 현재는 한강과 낙동강과 같은 강이나 바다 정도는 큰 의미가 없어져 버렸다. 이보다 더욱 중요한 것은 전쟁을 하기 위해서는 이웃 국가들의 협조와 동조가 더욱 중요하게 작용을 하는 시대가 되어가고 있다.

과거에는 국토의 면적은 한나라의 국력에 중요한 역할을 하였다. 특히 러시아의 동에서 서로 연결하는 광활한 국토는 적을 깊숙이 끌어 들여서 적국을 곤경에 빠뜨릴 수가 있었다. 유럽에서 나폴레옹과 히틀러도 러시아 정복이 불가능한 것도 결국 러시아의 넓은 국토 때문이었다. 과거에 중국이 주변국들과 전쟁에서 승리 할 수 있었으며 대국으로 행세를 할 수 있었던 원인도 바로 넓은 국토 때문이었다. 그러나 현재는 국토가 넓은 것은 오히려 관리가 불편하기 때문에 크게 도움이 되지 못하고 있다.

한 국가가 가지고 있는 군대의 수는 과거에는 국력에 중요한 역할을 하였다. 육해공군의 수는 한나라의 국력에 중요한 영향을 미쳤다. 현재에도 한나라가 가지고 있는 군인의 수는 군사력을 판단하는 기준이 되기는 하나 점차적으로 신무기에 의존하여 전쟁을 하기 때문에 군대의 숫자는 점차적으로 중요성이 약화되고 있는 실정이다.

✺ 천연자원

한나라가 가지고 있는 천연자원은 그 나라의 국력을 측정하는데 중요한 역할을 하고 있다. 천연자원은 시대에 따라서 중요성이 달라져가고 있다. 1차대전 당시는 철광이 가장 중요하고 필요로 하는 천연자원이었으며 2차대전 당시는 우라늄이 가장 중요하고 필요로 하는 천연자원이었다. 2차대전 당시 독일이 철광이 부족하여 육전에 사용할 전차를 만드는데 어려움을 겪은 사실에서 이해할 수 있다. 식량의 경우도 전시에는 풍부한 농산물을 산출하는 국가가 유리한 입장에 있다. 미국의 천연자원과 관련하여 미국의 국력을 생각할 수 있다. 미국이 강대국으로 발전한 원동력을 풍부한 천연자원의 덕으로 보고 있다. 미국 인구를 약 3억 정도로 보고 세계인구는 약 60억으로 보면 미국 인구는 전 세계 인구의 약 5퍼센트이다. 반면에 천연자원 약 25퍼센트가 미국에 있다. 인구 5퍼센트에 천연자원 25퍼센트의 수치는 미국인은 다른 나라국민보다 약 5배 정도로 더 풍부하게 천연자원을 사용할 수 있다는 것을 의미한다. 데이비드 포터는 그의 저서 「풍요로운 사람들」에서 미국인들의 풍요로움을 잘 표현하고 있다. 미국인들은 스스로 풍요롭다고 느끼고 있으며 필요한 자원은 고갈되지 않는다고 생각하고 있다.

천연자원은 식량과 지하자원이 중심이 된다. 미국은 천연자원의 풍요로움에도 불구하고 중요한 지하자원은 그대로 묻어두고 수입해서 사용한다. 미국은 세계 3위의 석유 매장국가이다. 세계의 석유가 고갈될 경우를 대비해서 미국 내에 매장되어 있는 석유는 그대로 두고 다른 나라에서 수입해서 사용하고 있다. 식량은 평시보다는 전시나 국제적 긴장도가 높은 비상시의 경우 자급도가 높을수록 지하자원은 전략적 지하자원이 많을수록 국력에 플러스가 된다. 과거 역사적인 사실을 보면 19세기는 석탄과 철이 중요했다. 1차 대전시부터는 석유가 더욱 중요했다. 2차 대전 당시는 우라늄이 전략상 주요한 지하자원으로 등장하였다.

미국의 풍부한 농산물과 지하자원은 미국자체의 국력성장에는 큰 힘이 된다. 인구는 불과 세계 인구의 5퍼센트에 불과한데 4분의1에 해당하는 풍부한 자원은 미국이 패권국으로서 국력을 과시할 수 있다. 그러나 풍부한 천연자원은 발전과 동시에 미국을 세계에서 고립상태로 몰아가고 있다. 천연자원 중에서 비옥한 옥토와 넓은 농지로 인해 농산물 등은 과잉생산을 하고 있다. 미국 내에서 소비하고 남은 잉여 농산물은 다른 나라에 팔아 넘겨 버려야 한다. 이 과정에서 세계 각국들에게 수입개방 정책들을 요구하면서 압력을 행사하면서 마찰을 빚고 있다. 지하자원은 장래의 고갈상태에 대비해서 그대로 묻어두고 있다. 석유는 사우디아라비아 등 중동국가에서 수입을 해서 사용하고 있다. 미국은 이미 오래 전부터 중동으로부터 교육과 건설 등의 명목으로 석유를 사용해 왔다. 이란 등 중동국가들이 미국을 제국주의로 몰아붙이는 이유도 여기에 있다. 풍부한 천연자원은 전 세계로부터 반미가 확산되는 원인을 제공하고 있다. 농산물 개방 압력과 석유 등 자체공급이 가능한 지하자원의 수입 등으로 인해서 미국은 전 세계로부터 제국주의 국가라는 인식을 심어주고 있다. 미국과 동조관계를 유지해온 국가들조차도 미국의 농산물 개방 등 천연자원 수출입 문제로 인해 반미가 확산되어지고 있다. 결과적으로 현재 미국은 풍부한 천연자원을 잘못 이용해서 국력에 플러스가 되기보다는 국제사회에서 반미확산과 함께 쇠퇴의 길로 몰리고 있다.

◎ 국민성

지리적 요소, 천연자원과 함께 국력을 형성하는 중요한 요소로서 국민성을 들 수 있다. 국민성이란 국민들에게서 발견되는 성격적 특성이나 고유한 생활 스타일을 말한다. 국민성은 시대적 상황에 따라서 다르다. 미국의 대 일본관의 경우 베네딕트 여사의 국화와 칼에서 알 수 있다. 국화와 칼에서는 일본인들은 가장 비합리적이고 전근대적인 의식구조를 가진 민족으로 나타나 있다. 그러나 2차대전 이후 미국인들이 일본인들을 보는 관점은 달라졌다. 라이샤워는 그의 저서 「일본근대화의 새로운 시각」에서 일본에 대한 미국인들의 새로운 시각을 보여주고 있다. 일본의 관계가 개선된 이후는 일본이 동양에서 가장 합리적이고 개화된 민족으로 알려졌다.

중국에 대한 미국인들의 시각은 펄 벅 여사의 대지 등 여러 작품에서 소개되었다. 미국인들은 중국인은 무력하고 선량하고 누군가가 돌보아 주어야 하는 민족성을 지닌 국민으로 알고 있었다. 그 후 한국전을 계기로 중국은 아주 호전적인 국민성을 가진 것으로 변하였다. 닉슨의 중공 방문 후 미국인들이 바라보는 중국인들의 국민성은 또 다시 달라졌다.

미국은 여러 민족이 모여 있는 다민족 공동체 국가이다. 흑인, 백인, 황인 등 다양한 민족들로 구성된 민족성을 형성하고 있다. 미국 국민성을 특징짓는 일은 쉽지 않다. 미국을 대표하면서 미국문화를 이끌어가는 민족은 앵글로색슨 문화권민족이다. 앵글로색슨 문화권민족은 개인적이고 차갑고 자발적이다. 88년 올림픽 경기입장식에서 유일하게 미국선수들만 줄을 맞추어서 들어오지 못했다. 이것이 바로 미국 국민성이다. 미국 국민성은 근본적으로는 권위와 복종을 싫어하는 국민성을 가지고 있다. 미국은 일본과 중국 등 오리엔탈 국가의 국민성을 시대에 따라서 다르게 보아왔다. 미국 국민성도 시대에 따라서 다르게 보여 지고 있다. 걸프전과 이라크 전쟁을 비롯하여 현재 이라크 주둔 미국 군인들의 행동 등을 통해서 전 세계인들은 나름대로 미국 국민성을 이해하고 있다.

세계인들의 미국 국민성을 보는 시각은 과거와는 180도 달라졌다. 과거에는 미국 국민성을 개인의 자발성이나 타협에 높은 가치를 둔 앵글로색슨 문화권을 높이 보았다. 세계인들이 존경하는 미국 국민성은 미국이 패권국으로서 위치를 유지시켜 나가는데 합리적인 정당성을 부여하였다. 미국 국민성은 패권국 유지를 위해 필요한 국력에 긍정적인 요인으로 작용을 해왔다. 그러나 현재 전 세계는 미국 국민성을 타협을 싫어하고 세계인들 위에서 군림하면서 권위에 의한 복종을 요구하는 국민성으로 보고 있다. 자국 국민성에 대한 세계인들의 시각을 180도 바꾸어 놓지 않으면 미국은 머지않은 장래에 고립되어 패권국의 자리를 양보하여야 할 전망이다.

지도자의 지도력

지도자의 지도력 또한 국력의 중요한 요인으로 작용한다. 북한의 김정일 체제 등 몇 나라는 아직도 독재체제를 유지해 나가고 있다. 미국은 국제사회에서 후세인 독재체제에 대해서 테러행위 이상으로 강한 비판을 해왔다. 미국이 아프가니스탄의 탈레반 정권과 후세인 정권을 무너뜨린 명분을 독제체제에다 두었다. 과거 남한이 민주화되기 전에 박정희 정권이나 전두환 군사정권은 미국에게 약점을 보였다. 지도자들이 약점을 보인 것은 지도력의 상실을 의미한다. 북한은 현재 전 세계로부터 김정일 독재체제의 비난을 받고 있다. 북한이 국제사회에서 살아남기 위해서는 체제부터 바꾸어야 한다. 공산주의는 유지하더라도 중국이나 러시아처럼 민주적인 체제로 전환하여야 한다.

미국은 역사가 짧음에도 불구하고 보수화 사회로 접어들었다. 진보주의 성향의 민주당이나 보수주의 성향의 공화당은 동전의 앞면과 뒷면 정도의 차이에 불과하다. 양당 모두 보수주의 정당으로 바뀌었다. 미국의 지도자의 리더십도 보수주의를 바탕으로 하고 있다. 미국의 보수주의는 국제관계에서 권위를 바탕으로 하고 있다. 미국에 대한 세계 어느 국가의 새로운 도전은 용납하지 않는다. 오로지 미국 지도자들은 오직 미국만을 위한 현실주의의 정책을 추진해 나가고 있다. 국제관계는 미국의 이익에 맞추어서 자국의 이익을 추진해 나가고 있다. 따라서 현재 미국의 외교 지도력도 미국을 쇠태의 길로 들어서고 있게 하고 있는 중요한 원인을 제공하고 있다.

제 6 장
영원한 제국을 꿈꾸는 미국

◎ 제국은 늘 서쪽으로 향했지

현재 미국의 역사는 흔들리고 있다. 1930년 노벨 수상작가인 펄벅 여사는 처녀작 「동풍 서풍」에서 미래의 동양과 서양간의 문명갈등을 예언하였다. 펄벅 여사의 예언 이후 전 세계는 패권국인 미국모델 중심의 세계화 현상이 일어나고 있으며 미국이 원하는 언덕위의 도성을 만들어 나가고 있다는 것이다.

미국인들이 가장 많이 인용하는 시의 구절은 영국 철학자이자 주교인 클론 버클리의 시의 일절인 '제국은 늘 서쪽으로 향했지/ 이미 제 4장은 지나갔고/ 다섯 번째 장이 나오면 막이내릴 것이다/ 우리시대의 가장아름다운 후예가 마지막으로 등장하리라'라는 시의 구절이다.

이 중에서 '제국은 늘 서쪽으로 향했지'라는 구절은 미국인이 아닌 영국시인으로부터 나왔다. 제국은 늘 서쪽으로 향했지 그들은 서쪽으로 서쪽으로 가서 태평양 연안에 도달해서 너무 기쁘고 지식에 목이 말라 학교를 세우고 이름을 버클리라고 명명하였다. 이 시는 미국인들이 가장 좋아하는 시이다. 이 시 속에는 미국인들의 사상인 프런티어 사상이 깃들어져 있기 때문에 미국인들은 이 시를 가장 좋아한다. 이 시의 구절에서 '다섯 번째 장이 나오면 막이 내릴 것이다. 우리시대의 가장 아름다운 후예가 등장하리라.'라는 시의 구절에서 우리는 미국인들이 영원히 지구상에서 패권국으로 남아 있기를 원하는 마음을 읽을 수 있다.

현재 미국에 대한 도전국이 뚜렷하게 나타나지 않고 있다. 미국 패권에 도전 가능성이 있는 국가로서는 러시아와 중국과 일본 및 유럽연합국가 들이다. 이 네 개의 힘은 미국이 70년대에 월남전과 오일 쇼크 등을 거치면서 힘이 약화된 당시에 미국과 소련의 양대 진영의 힘에서 일본과 유럽연합과 중국이 미국과 소련의 양대 진영에서 분리된 상태에서 국제사회에서 힘의 다극화 현상을 초래한 적이 있었다. 그러나 미국은 중국과의 화해를 통해서 소련을 견제시키고 일본을 안보 우산 속으로 끌어들임으로써 오히려 도전국 소련을 몰락시키는 결과를 초래하고 유일 패권국인 단극화 시대를 이끌어오고 있다.

◎ 새로운 도전국들

아직까지 새로운 도전국이 명백하게 드러나지 않고 있

다. 현재 거명되는 나라는 중국과 러시아와 일본과 유럽 통합국 정도이다. 그런데 겉으로 보기에는 이 나라들의 도전국으로서 잠재력은 크지 못하다. 우선 러시아를 보더라도 러시아의 푸틴 대통령이 미국에 대해서 견제외교정책을 폄으로서 미국의 패권에 어느 정도는 제동을 걸기는 하지만 러시아가 가지고 있는 대외적인 부채를 포함하여 내적으로 러시아 주변 국가들의 인종 문제 등을 포함한 여러 가지문제에 도전을 받고 있다.

러시아는 구소련의 몰락으로 인해서 미국에 도전장을 낼 만큼 강하지를 못하다. 얼마 전 푸틴 대통령이 러시아는 잘못 하다가 이류에서 삼류의 국가로 전략해 버릴 가능성이 있다는 자치국민들에게 경고의 발언을 한 것을 보면 아직은 러시아는 미국에 도전국으로 등장할 여건을 갖추고 있지 않다. 2001년의 러시아의 국민총생산은 30천 억 달러로 10조인 미국의 약 30분의 1에 불과하다. 패권순환론의 최고의 권위자인 모델스키의 이론이 어느 정도 빛을 잃어버린 원인은 소련이 2000년대 초에 미국에게 도전국으로 등장하여 2015년을 전후해서 소련이 미국을 제치고 패권국으로서 전세계를 지배한다는 이론이었다. 따라서 모델스키의 이론은 이론 그 자체의 가치는 지니고 있을 런지 모르지만 현실적인 차원에서는 어느 정도 빗나간 이론이 되어 버렸다.

최근 푸틴 대통령은 미국이 과거 소련이 구심점으로 삼고 있던 폴란드를 중심으로 미사일 방어망을 구축하는데 대해서 제동을 걸고 나섰다. 또한 러시아가 미국의 중심부의 거리까지 갈 만한 장거리 미사일 발사에 성공을 거둔 것을 보이면서 미국에 대한 견제와 러시아가 강하다는 것을 보여 주었다. 이것은 러시아가 미국정도는 아니지만 미국에 버금가는 강대국이라는 것을 인정해 달라는 것을 나타내기 위해서이다. 구 소련의 몰락으로 인한 러시아의 외환부채 상환의 압력문제와 주변 인접국가간의 인종분쟁 문제 등 복잡한 문제는 러시아가 미국에 대한 패권도전국으로 등장하기에는 아직은 역부족이다. 단지 미국의 일방적인 패권행위에 대해서 유엔 안보리의 상임이사국으로서 여러 나라와 연대해서 미국을 견제 할 수는 있다. 현재 러시아가 바라는 희망은 러시아를 미국 다음의 초강대국이며 국제관계를 미국의 단 극화 체제에서 다극화 체제로 바꾸자는 주장이다. 따라서 러시아가 미국의 도전국으로 생각하기에는 아직은 이른 감이 있다.

러시아의 국민성은 말 자체로 크레므린이다. 중국을 대나무로 만든 죽의 장막이라면 러시아는 철의 장막이라는 말이 있다. 러시아인들을 불곰에다 비유하고 있으나 그들은 속보다는 겉치레를 중요시하고 남에게 강하다는 것을 나타내기를 좋아하는 민족이다. 푸틴대통령은 9.11이후 미국의 테러와의 전쟁에 동조의사를 밝혔으나 이라크침공에 대해서는 강하게 반대하는 입장을 나타내었다. 미국에 대항해서 여러 분야에서 견제 정책을 펴기는 했으나 최근에는 실용주의 노선을 걸어가야 한다는 것을 알고 있으며 실용주의정책을 추진해 나가면서 미국의 자극을 피하는 정책을 펴고 있다. 푸틴의 실용주의정책은 미국에 대한 강한 견제정책에서 한발 물러선 느낌을 보여주고 있다.

다음으로 중국을 볼 수가 있다.

중국은 1978년 덩샤오핑의 개방조치이후 경제속도는 광속으로 발전을 계속해서 지난 20년간 연 평균 10퍼센트의 경제성장을 해 왔다. 1980년대 초에만 해도 국제경제의 최 변방에 있던 중국이 21세기 초에는 국민총생산이 세계 2위로 성장하였다. 미국과의 경제교류도 1978년 10억불에 불과했으나 2000년에는 1200억불에 달했으며 2005년에는 두 배가 넘는 2850억불을 기록하고 있다. 미국의 중국에 대한 대중 투자는 1990년에는 3억 5천 4백만 달러에서 10년 후 인 2000년에는 95억 8천만 달러를 기록하고 있다.

중국이 2001년 WTO 즉 세계무역기구에 가입한 이래 미국과 중국과의 상업적 교류는 더욱 활발하게 추진되어지고 있다. 국제정치학적 차원에서 보면 상위정치 즉 High Politics는 외교 안보적인 차원에서의 교류를 의미한다. 반면에 중위나 하위 정치인 Low Politics는 경제적인 교류와 문화적인 교류를 의미한다. 경제적인 교류의 활발 성은 결국 상위정치인 외교나 안보에 까지 크게 영향을 미치게 된다는 것이다. 하위정치인 경제적으로 밀접한 교류의 강화는 상위정치인 외교 안보를 강화시켜나간다는 이론은 미국과 중국과의 관계에서 잘 보여주고 있다. 이것은 또한 미국과 중국과의 활발한 경제교류의 모델이 한중관계를 거쳐서 북한과 남한과의 연장선까지 생각할 수 있다. 하위정치인 물건과 상품들이 자유롭게 국경이 없이 넘나들면 상위정치에서 필요로 하는 군대가 필요 없을 정도로 외교 안보적인 관계도 자연스럽게 강화된다. 과거 중국과 서양 열강 국들과의 관계에서도 열강 국들의 상품이 자유롭게 넘나들지를 못하게 되면서 영국은 중국에 대해서 아편전쟁을 일으킨 사실을 보면 이해 할 수 있다.

중국은 현재 미국과의 관계에서 경제적으로 활발한 교류를 하고 있기 때문에 미국과의 정치적인 마찰과 갈등은 후순위로 생각하고 있다. 그러나 세계 패권국인 미국은 중국의 엄청난 발전 속도에 대해서 정치적인 차원에서 제동을 상당히 걸어왔다. 중국은 산업혁명 전에 세계 패권국이었다는 팍스 시니카의 향수와 꿈을 가지고 있기는 하지만 얼마 전 일본이 미국에게 일본이 바라는 자리는 세계에서 부통령 자리라는 미국에 대해서 아첨하는 자세에 대해서 중국 역시 미국에 대해서 도전 의사가 전혀 없음을 보여주고 있다.

중국은 속으로는 팍스 시니카를 원하고 있지만 미국이 워낙 패권국으로서 굳게 자리를 지키기 때문에 미국과 마찰을 일으켜서 도움이 되지 않는다는 사실을 알고 있다. 중국의 국민성은 대륙국가가 위진 남북조와 오호 십육국 및 삼국시대 등으로 갈라짐과 통합의 연속과 동시에 수천 년 동안 손바닥을 뒤집으면 구름을 비로 만들만큼 강한 천자 아래에서 억눌려서 살아온 민족이기 때문에 절대로 자신의 감정을 표현하지 않는 민족이다. 중국인들이 항상 교훈으로 삼는 것은 삼국시대의 유비 현덕이 조조의 종으로 들어가서 갖은 고통을 당하면서도 때를 기다리다 기회를 잡는 것이다. 현재 중국도 미국에 대항할 만큼 힘이 길러지기 전까지는 절대로 도전의사를 보여서는 안 된다는 것이다.

미국은 광속으로 발전하면서 값싼 노동력을 바탕으로 전

세계의 공장을 자국으로 끌어들이는 중국을 강하게 견제하는 문제에 대해서 미국 내에서 찬성과 반대의 의견이 엇갈렸다. 클린턴의 경우 처음에는 중국에 대해서 인권문제 등을 이유로 강하게 제동을 걸었으나 중국에 대하여 적을 만들 필요가 없다는 것을 안후에는 더 이상 중국의 내정에 간섭하지 않았다. 그 후 조지 부시 정부 초기인 2001년에 터진 미군 정찰기 충돌사건에 대해서 장쩌민 주석은 미국을 더 이상 자극하지 않고 한발 양보하는 방향으로 문제를 해결하였다.

부시 행정부는 중국에 대해서 외교 안보적인 차원에서 강경책을 추진하여 미국에 대한 도 전국으로 성장하지 못하도록 견제정책을 추진해 나갔으나 자칫하는 경우 득보다는 실이 크다는 것을 알고서 중국과의 경제교역을 강화시켜나가면서 외교적인 차원에서도 보조를 맞추어 나가고 있다. 미국은 최대의 교역국인 중국에 대해서 견제를 해서 중국을 국제사회에서 고립을 시키는 경우 얼마나 많은 국가들이 미국에 대해서 동조를 할지가 의문이며 또한 중국을 적국으로 만드는 경우 미국에게 돌아오는 타격도 만만하지 않을 것으로 예상했기 때문이다.

한동안 미국은 중국에 대해서 직접적으로 틈새시장외교라고 비난을 하였으나 중국은 미국에 대해서 국제사회를 이끄는 미국의 리더십을 높이 평가한다는 성명을 발표하고 미국과의 마찰을 극도로 피해나갔다. 중국은 아직은 미국과는 전략적으로 패권국에 도전할 힘이 없다는 것을 스스로 알고 있다. 미국 부시 행정부는 중국의 견제를 풀기는 했어도 항상 경계를 하는 태도이며 동시에 중국 견제용으로 일본을 키우고 있다. 얼마 전 미국이 동북아에서 유럽의 심장부 국가인 폴란드에 해당하는 남한에서 일본으로 군사중심지를 옮긴 것은 중국 견제용으로 일본을 키우기 위한 전략임을 알 수 있다.

현재 중국 제일의 경제 전략은 기술개발이다. 중국은 몇 가지 주변 환경의 변화에 맞추어서 계획을 수립하였다. 863 계획은 고기술 연구의 향상에 목표를 두고 있으며 횃불 프로그램은 국가혁신제도를 지원하기 위한 기본적인 개발을 향상시키기 위한 계획이다. 중국은 현재까지는 값싼 노동력을 바탕으로 전 세계를 끌어들여서 선진국들의 기술과 자국의 노동력을 조인트 벤처식으로 합작투자경제를 운영해 왔다. 그 결과 중국은 세계 최대의 외환보유국이 되었으며 자국 내에서도 경쟁이 치열해 지고 있다. 여기에다 위안화의 평가절상에 대한 압력도 받고 있다.

중국은 세계 각국의 공장들을 자국으로 끌어들이던 기존 정책으로부터 벗어나서 외국으로 투자의 손길을 열려고 준비를 하고 있다. 중국은 IT 분야 등 몇 개의 분야에는 적극적으로 해외로 진출을 추진하고 있다. 중국의 기업경영정책은 M&A 즉 인수합병정책의 방향으로 몰아가고 있다. 중국이 외국기업의 인수합병 정책을 추진해 나가고 있다는 것은 이미 기존에 있는 우수한 외국의 기술을 인수합병을 통해서 습득하겠다는 것을 의미한다. IT 분야에서 중국이 이미 적극적으로 외국으로 눈을 돌리고 있는 원인 또한 IT 산업이 지속적으로 전망이 밝기 때문이다.

중국은 러시아와 마찬 가지로 미국에 대해서 패권국으로 도전할 의사가 전혀 없음을 보이고 있다. 단지 미국의 독주에 대해서는 견제하는 정도이다.

다음으로 경제대국 일본을 생각할 수 있다. 일본의 민족성은 칼을 사랑하기는 하지만 작은 섬나라에다 세계 패권국으로서는 여건이 충분하지 못하다. 이미 많은 전문가들이 앞에서 언급한 파이이론 등 일본이 패권국으로서 불가능 하다는 이론을 내놓고 있다. 따라서 미국은 일본에 대해서는 중국이나 러시아보다 견제를 하지 않고 있다. 일본은 세계 최강의 경제력을 바탕으로 하여 동북아에서 중국을 제치고 군사대국으로 성장할 의사를 보이기는 하지만 아직까지는 뚜렷하게 독자적인 움직임을 나타내지 않고서 미국의 안보우산 속에서 미국을 등에 업고서 독립하기 위한 노력은 보이고 있다. 일본은 레이더망에 잡히지 않는 최신형 공군 전투기 F-22기 100대를 미국으로부터 구입할 의사를 보이고 있다.

일본이 과거 70년대 다극화 시대에 세계 힘의 한 주축이 되기는 했으나 현재 미국에게 도전하기에는 불가능하다는 것을 일본 스스로도 알고 있기 때문에 일본이 원하는 자리는 미국 다음 자리인 힘없는 부통령 자리 인 것을 재천명하고 있다.

일본은 북한의 핵문제에 대해서 미국과 함께 북한의 핵시설 폐기에 적극적으로 나서는 이유가 바로 북한의 핵개발이 일본의 안보와 직결되어져 있기 때문이다. 일본은 2차대전 이후 헌법으로 금지된 조항을 개정하여 자국의 안보를 위한다는 명목으로 군비 증강 등 군사력 증강에 힘을 기울이고 있다. 일본은 미국만 묵시한다면 핵개발에 대한 기술과 경제적인 여력은 충분하기 때문에 현재로서는 미국의 눈치를 보고 있는 상황이기 때문에 미국에 대한 도전 가능성은 없다.

다음으로 유럽 통합국가이다. 현재 EU라고 불리는 유럽 통합국가는 처음 12개 국가에서 출발하여 현재는 27개국으로 늘어났다. 또한 달러화에 맞서서 유로화를 창출하여 미국의 달러화를 견제해 나가고 있기는 하다. 유럽인들의 희망은 유럽을 다시 미국으로부터 돌려받아서 미국중심사회에서 유럽중심사회로 전 세계를 재편하자는 움직임을 보이고 있다. 경제적으로 유로화의 창출과 함께 군대도 유럽단일군대를 만들자는 의견도 나오고 있다. 그러나 27개 국가가 모여서 이루어놓은 연합체는 상당히 추상적인 관점에 있으며 각국의 이해관계에 따라서 정책이 결정되기 때문에 미국에 맞설 만큼의 강한 도전국으로 등장하기는 쉬운 일이 아니다. 이태리 통일을 원하면서 현대 권모술수 론의 대명사인 마키아벨리즘을 창안하고 이태리 통일에 기여한 마키아벨리는 그의 디스코스 즉 로마 사에서 용병제를 반대하고 나섰다. 이런 마키아벨리의 이론은 역사를 통해서 민족의식이 약한 여러 국가가 합쳐진 군대는 힘이 약하다는 것을 의미한다. 따라서 유럽연합 즉 EU도 당분간은 미국에 도전국으로서 도전할 가능성이 적다.

미국에 대한 도전국으로서 중동국가들을 들 수 있다. 미국 보수주의를 대표하는 하버드 대학의 사무엘 헌팅톤의 문명 갈등 론이 상당히 많은 주목을 받고 있다. 헌팅톤은 9.11 테러이후 그의 저서 「문명 충돌론」이 크게 부상하고 있다. 문명 충돌론 적 관점에서 보면 미국의 기독교 문화와 중동의 이슬람 문화의 잦은 충돌로 인해서 미국이 몰락하고 반면에 새로운 강자가 나타날 것이라는 설이다. 현재 미국이 가장 두려워하는 하는 것은 테러리스트들이 대량살상무기를 사용해서 미국의 본토를 침략하는 일이다. 대량살상무기에는 생화학무기를 포함하여 핵무기로 미국을 공격하는 일이다.

핵무기는 미국이 불량국으로 지목하고 있는 이란이나 북한 등의 국가들이 핵 실험에 성공하여 핵을 테러리스트들에게 전달하거나 아니면 핵 기술을 전파하는 일이다. 이런 경우 미국은 테러리스트들로부터 핵공격을 당해서 하루아침에 허물어질 가능성이 있다. 현대의 전쟁은 점차적으로 대량의 군대와 강한 조직을 요구하지 않고 있다. 특히 과학의 급속한 발달로 인해서 핵을 용이하게 플라스틱 통에 담아서 옮길 수가 있는 시대가 되었다. 그런 경우 미국은 얼마 전에 당한 9.11 테러 참사의 수백 배에 달하는 인명 피해를 내고 극한상황에서는 미국은 몰락할 경지에 이른다는 것이다. 그리고 여태까지의 역사적인 경험에 비추어 보아서 중동의 테러리스트들은 무슨 일도 목숨을 걸고서 행할 가능성을 배제할 수 없다.

따라서 앞으로 예상되는 전쟁은 과거 중세 서양의 중요한 전쟁이었던 기독문화와 이슬람 문화 간의 전쟁이었던 십자군 전쟁과 유사한 전쟁이 될 가능성이 크다. 다시 말하면 중동의 이슬람국가들의 회교 문화권과 기독교 문화권을 바탕으로 한 미국과의 전쟁이 계속 될 전망이며 이로 인하여 새로운 도전국이 등장할 가능성도 배제할 수 없는 전망이다.

◎ 미국이 창조해낸 국민성

미국의 국민성에 대해서는 앞에서도 이미 설명하였지만 선조가 유럽으로부터 온 사람들이 모여서 나라를 이루고 있기는 하지만 유럽인들이 가지고 있는 보수성이나 비도전적인 정신과는 다른 정신을 가지고 있다. 유럽인들은 오랜 전통과 수도사 문화를 통해서 비슷한 문화를 형성하고 서로간의 견제로 인해서 발전을 하지 못하고 있다. 어느 한 국가가 강하게 나타나면 옆의 국가들이 연합하여 죽여 버렸다. 그러나 미국인들이 현재 가지고 있는 기질은 9.11 테러를 당한 그 날로부터 알 수가 있다. 흡사 일본이 2차대전에서 일본천황 소아가 떨면서 항복을 선언한 그 다음날 아침 전 일본인들의 아침인사는 '다시일어 섭시다.'라는 말로 일본인 스스로가 바꾸어 놓은 것과 같은 현상이다. 일본의 이러한 아침인사를 재건하자는 말은 결국 일본이 악 조건 속에서 현재 세계 제 2의 경제대국으로 만들어 놓은 것이다. 일본과 같이 미국인들도 테러 다음날 아침의 미국의 상황을 보면 미국인들의 패권국으로 유지하려는 마음이 얼마나 강한가를 이해 할 수 있다.

테러 다음날의 미국 분위기는 다음과 같이 설명할 수 있다.

9.11 테러 다음날 아침부터 미국인들은 반정신병자가 되어버렸다. 유럽에서 도망쳐 나올 때부터 선조들이 가지고

있던 정신쇠약증인 불안증이 다시 도져 버린 것이다. 과격 이슬람 단체 알카에다에 의해 행해진 테러 다음날 아침 미국인들만이 가지고 있는 특유의 애국심이자 국수주의 현상이 나타나기 시작한 것이다.

미국의 전 거리에는 건국 이래 가장 많은 성조기가 펄럭이고 있었다. 출근하는 미국인들은 한사람도 빠지지 않고 자동차에 성조기를 달고 나왔다. 최북단 알라스카의 페어뱅크에서부터 최남단 텍사스의 코퍼스크리스티에까지 출근하는 사람들은 누구나 다 차에다 성조기를 단 것이다. 어느 누가 시킨 것도 아니다. 미국인들은 스스로가 성조기를 달고 나온 것이다. 스스로 감정이 복 바쳐서 성조기를 찾은 것이다.

언론은 우선 테러의 궁금증부터 해소하는데 주력을 두어야 한다. 미국언론은 국익을 위해 국민들을 뭉치는 데에만 주력을 두고서 방송을 했다. 대통령 조지 부시도 테러 당일 겁이 나서 하루 종일 행방을 감추어 버렸다. 사방팔방의 공군기지의 벙커를 숨어서 돌아다니다가 밤늦게야 겨우 워싱턴으로 돌아와 TV앞에 나타났다.

조지 부시는 계속해서 세계 거인의 자존심을 건드렸다고 국민들에게 호소하는 방송을 보냈다. 하루 강아지 범 무서운 줄 모르고 세계를 끌고 다니는 거인에게 난장이가 달려들었다는 식의 말만 계속했다.

일부 미국인들은 성경의 바벨탑을 인용했다. 미국인들의 오만이 스스로 부른 참사라고 미국을 비난했다. 날벼락을 맞은 세계무역센터 쌍둥이 빌딩은 성경에 나오는 사악한 탑 바벨탑에 비유되었다. 미국이 전 세계인들을 무시하고 미국 혼자만 하늘에 가기 위한 사탄의 바벨탑을 쌓다가 중간에 벼락을 맞았다는 것이다. 날아가는 비행기만 보아도 미국인들은 겁에 질렸다. 일부 비행기 탑승객은 기내에서 테러 공포증으로 인한 정신이상으로 난동을 부렸다는 뉴스가 나왔다. 아랍계 사람이 타고 있는 것을 보고 테러리스트로 오인해서 비행기가 이륙하지 못한 사태도 발생했다. 비행기회사는 문을 닫을 정도로 탑승객이 줄었다.

미국인들은 정신없이 차만 몰고 다녔다. 고속도로는 계속해서 혼잡한 상태였다. 가족을 찾고 친지를 찾는 이유도 있었다. 어려서부터 자동차가 제일 편하고 안전한 발이라는 습관 때문이다. 선조로부터 물러 받은 서부개척기에 방랑하던 영원한 떠돌이 기질이 다시 살아난 것이다. 원래 서부개척시대부터 미국인들은 이동성 즉 모빌리티를 가장 중요시 여겼다. 동부에서 서부로 가는 가장 빠른 방법을 항상 생각하고 있었다. 그들은 마차를 이용했다. 인디언들의 습격을 피하고 안전을 위해서 떼를 지어서 마차를 타고 동부에서 서부로 향했다. 떼를 지어서 가는 과정에 책임자와 간이 정거장도 만들었다. 또한 미시시피 강을 이용하여 남부 뉴올리언 등으로 가서 거기서 배를 이용하여 서부로 갔다.

성격이 급한 일부 미국인들은 아랍계 사람들을 구타하고 감시하기 시작했다. 지난 70년대 후반 미 대사관 인질극 사건 당시 미국인 교사들이 아랍계 학생들에게 행한 행동이 재연되었다. 교사들은 수업시간에 아랍계 학생들을 밖으로

쫒아내고 감시와 차별을 하였다. 일본의 진주만 습격직후 미국은 일본계 미국인들을 수용소에 감금시킨 것과 비슷한 행위이다. 미국인들의 감시는 도에 지나칠 정도였다. 미국인들 자신들마저도 예외는 아니었다. 미국의 전 부통령이자 대통령 후보였던 알 버트 고어를 위스콘신 공항에서 몇 시간동안 공항에 묶어 놓게 만들었다. 미국인들은 누구나 다 아는 민주당 대통령 후보였던 고어에 대해서 까지 감시를 할 정도이다. 외국인에 대한 감시는 말할 필요조차 없다.

그들은 급하게 되면 구심점을 찾는다. 그 구심점이 바로 국가이자 대통령이다. 미국인들은 상당수가 대통령에게 보복전쟁을 촉구했다. 9월 11일을 미국의 국치일로 생각했다. 일본천왕이 2차대전에서 항복을 선언한 날을 일본인들은 국치일로 여긴 것과 같다. 일본인들은 천왕항복 다음날 아침인사를 다시 재건하자는 말로 바꾸었다. 미국인들도 테러 다음날부터 구심점인 대통령을 중심으로 테러와의 전쟁을 선포한 것이다. 구시대 가수이자 고인이 된 프랑크 시나트라의 수 십 년 전의 노래 미국은 위대하다가 부활되어서 음반 차트에 올랐다. 테러와 관련된 영화들이 제일 많이 제작되기 시작했다. 대중들은 예술과 문화적인 차원에서도 애국심과 관련해서 뭉치기 시작했다.

◎ 중앙집권화와 인권침해

이상의 사실들을 고려해 보면 미국인들의 기질을 볼 때 미국이 가지고 있는 군사력 등 하드파워 차원에서는 쉽사리 몰락할 것 같지는 않다. 그러나 하드파워 보다는 인간사회에서 국가가 가지고 있는 매력과 신뢰도 등을 비롯한 여러 가지 차원에서 보이지 않는 힘이 더욱 중요하다. 인간은 존재 자체가 불완전하다. 수학자이자 철학자인 파스칼의 명상록을 보면 인간 존재가 얼마나 약하다는 것을 이해할 수 있으며 그 예로서 9.11 이후에 보여준 허리케인 카트리나 앞에서는 최강의 과학과 기술을 자랑하는 미국이 속수무책으로 당해 버린 사실을 알 수 있다.

수학자 파스칼은 인간은 자신이 가스나 조그마한 독침이 묻은 바늘에 찔려서도 죽을 수 있다는 것을 알고 있다. 따라서 인간은 자신이 약하다는 것을 잘 알고 있다. 우주는 인간에 비해서 강하다. 그러나 우주는 자신이 강하다는 것을 모르고 있다. 약한 인간이 강한 우주를 지배하는 원인은 바로 인간은 자신이 약하다는 것을 알고 있기 때문이다. 따라서 인간은 생각하는 갈대이다. 인간의 위대성은 생각하는 갈대에 있다는 것이다. 한국의 태풍에 해당하는 허리케인이 미국의 남부지역인 루이지에나 지역을 휩쓸고 지나갔다. 루이지에나 지역은 물바다가 되어서 9.11 테러에 당했던 사람만큼 약 8천여 명의 인명피해와 미국 역사상 유래 없는 대참사를 가져왔다. 그보다 약 백 년 전에 미국 텍사스의 겔베스톤에서도 이러한 대 참사를 겪은 일이 있었으나 당시 주 지방정부의 현명한 대처로 위기를 잘 극복하였다.

루이지에나 대참사는 미국에게 두 가지 차원에서 큰 교훈을 주고 있다. 첫째는 패권국이자 세계에서 가장 과학과 기술이 발달된 국가라고 자랑하는 미국도 조그마한 강풍 앞에서는 보잘 것 없는 존재이기 때문에 테러리스트들의 테러행위 앞에서 미국은 대참사와 함께 몰락할 가능성이 있다는 것을 보여 주었다. 다음으로 미국은 테러와의 전쟁을 선언한 이후 국내적으로 심각한 문제가 대두된 것은 중앙집권 강화현상과 인권침해 현상이다.

원래 부시정부의 공약은 지방분권화의 강화였다. 그러나 테러방지를 위해서 중앙집권 방식을 강화하지 않으면 안 되는 입장이다. 미국은 지역이 구라파 전체를 합쳐 놓은 것만큼 넓은 국토를 가지고 있다. 따라서 50개주는 주마다의 특성을 가지고 있다. 중앙 정부는 각 주가 가지고 있는 특성들을 잘 살릴 수 있도록 도와 주어야한다. 미국이 민주적으로 운영되는 원인은 바로 지방자치제가 발달되었기 때문이다. 지방 각 주의 발달에 대해서 견제와 균형의 정책을 추진하여 지역 간의 경제적인 발달의 격차를 줄여야 한다. 각 지역 간의 격차가 심한 경우에는 지역 간의 마찰을 초래하여 국가가 내부적으로 분열하게 된다.

미국 역사를 통해서 지역 간의 마찰로 인해 발생한 것이 바로 남북전쟁이다. 초기 미국은 남부와 북부가 경제적 바탕을 달리하고 있었다. 남과 북의 경제적 발달의 이질화 현상은 결국 내부 전쟁으로까지 치닫게 되었다. 19세기 후반에 일어난 미국의 내전은 북부지역과 남부지역이 가지고 있는 경제적 바탕이 가장 큰 원인이 되었다.

경제적 원인을 바탕으로 노동력의 문제가 대두되었고 노예의 필요성이 덜한 북부지역과 노동력의 사용이 급박한 남부지역간의 마찰은 결국 내전으로 치닫게 만들었다. 현재 미국은 지역 간의 격차현상의 심화로 인해 내부 분열 현상을 초래하여 주정부간의 마찰을 빚고 있으나 과거와 같은 전쟁은 아니지만 국가의 힘을 약화시킬 가능성도 커져가고 있다. 최근 미국은 서남부의 선벨트 지역과 북동부의 프로스트 벨트의 격차를 줄이려고 했다. 선벨트의 더운 지방과 프로스트 벨트의 추운지방의 경제 분열 현상은 제 2의 남북 전쟁을 염려했기 때문이다. 그러나 현재는 텍사스와 캘리포니아를 중심으로 한 선벨트 지역이 급속하게 발전을 하고 있다. 반면에 옛날 미국의 산업 중심지인 북부지역은 주춤거리고 있어서 지역 발전의 격차를 해소하지 못하고 있는 실정이다.

테러방지를 위한 중앙 집중 강화는 미국 자체관리상의 문제점을 보여주고 있다. 지난 번 대참사인 허리케인 카트리나에 대한 대비가 실패한 원인이 바로 중앙과 지방간의 역할분담 실패에 있었다. 카트리나는 9.11테러 때와 똑 같이 미국의 허점을 세계에 보여주었다. 군사 핵심부 국방성과 경제 중심부 세계무역센터를 강타당한 것과 같은 현상이었다. 미국 서남부 전 지역이 강타 당했다. 허리케인 카트리나는 사전에 충분히 예방 할 수 있었다.

루이지애나 주 정부는 부시정부의 9.11 이후 중앙정부 집중 정책에 밀려나 있었다. 중앙의 방제 청과 루이애지나 주정부는 역할분담에서 서로 미루었다. 주정부는 부시의 중앙집권 식 행정방식에 의존해서 방제 청에다 모든 문제를 일임하였다. 방제 청은 지역 사정을 잘 아는 주정부가 미리 사전에 대비를 하리라고 믿었다. 인사면에서도 당시 방제청

장은 화재나 방제에 대해서 문외한 이었다.그의 경험 부족은 홍수와 폭풍의 피해를 더욱 크게 만들었다. 지방정부에서는 테러이후에 계속되는 중앙집권화 현상에 대해서 이번의 폭풍문제도 중앙에서 처리하는 것으로 알고 손을 놓은 상태에 있었다. 만일 테러가 없었더라면 중앙정부와 지방정부의 역할분담이 명확하여 서로 미루지 않고서 사전에 철저하게 대비해 나갔을 것이다.

결과적으로 볼 때 허리케인 대참사는 9.11 테러와 간접적인 관계가 있다고 할 수 있다. 만일 9.11 테러가 없었더라면 미국의 중앙정부는 지방자치기관인 루이지애나 주정부에 업무를 일임하고 중앙기관인 방제 청은 보조하는 역할을 하였더라면 미국 역사에 기록되는 대참사는 일어나지 않았을 것이다.

카트리나 피해를 본 전 세계인들은 세계 패권국임을 자랑하는 미국이 힘 한번 못쓰고 자연 앞에 무릎을 꿇는 것을 보았다. 세계인들은 과학과 기술의 발달이 자연 앞에는 아직 멀었다는 것을 느끼고 미국도 별 것 아니라는 생각을 들게 되었다. 미국정부는 관리체계가 허점투성이라는 것을 전 세계에 노출 시켰다. 미국내부의 허술한 관리체계는 미국이 쇠퇴하고 있다는 것을 보여 주었다.

9. 11이후 미국이 문제를 일으키고 있는 것은 전 세계에 대한 인권침해이다. 9.11이후 미국은 국가보안법을 새로 제정하였다. 이 법에 의해서 미국 내에서 거주하는 아랍계 사람들이나 외국인에 대해서 감시를 보다 강화하고 있다. 외국인에 대한 감시의 강화를 위해서는 미국에 입국하기 위해

서 필요한 비자 발급 기준을 강화하였다. 그 결과 테러와 관계가 없는 많은 사람들까지도 테러리스트로 오해 받아서 비자 발급을 거부당하는 경우가 허다하다. 미국 입국 시 절차도 매우 까다로워지면서 많은 외국인들의 미국에 대한 불만은 점차적으로 커지고 있다.

특히 미국으로 유학을 가는 유학생들과 미국 내에 거주하는 유학생들에 대한 미국정부의 감시는 더욱 강화되어졌다. 이것은 미국이 테러예방 이전에 전 세계에 대한 인권침해문제와 관련성을 가지고 있다고 볼 수 있다. 미국이 테러방지의 목적으로 비자발급을 강화시키거나 외국인에 대한 검색을 강화시키는 행위는 반미감정을 고조시켜서 미국이 소프트파워를 상실하는 결과를 초래하여 미국을 쇠퇴의 길로 들어서게 하고 있다.

앞에서 설명하였듯이 현재 눈에 보이는 중국과 러시아 및 일본과 EU 연합 국가들은 현재로서는 미국의 패권에 도전할만한 도전국으로서 급부상할 가능성은 희박하다. 단지 강대국들이 힘을 모아서 미국을 견제하는 행동은 할 수 가 있다. 다시 말하면 미국이 쇠퇴하여 패권국에서 물러나서 언제 도전국에게 자리를 양보 할지에 대해서 예상하는 일은 현재로서는 힘든 일이다.

◎ 패권상실의 내외적인 요소

역사적인 차원에서 과거 패권국이었던 로마와 대영제국을 현대의 패권국인 미국과 내외적인 요소를 분석하여 비교하는 일이다. 빛의 속도로 변해가는 현대와 변화가 적은 과거의 외부 환경을 비교하는 일이다. 로마제국과 현재의 미국의 내적인 요소를 적용하는 일은 어느 정도 합리적인 근거가 있다. 문제는 로마제국, 대영제국을 비롯한 과거 패권국들과 현재 미국의 외적변화 요소를 틀에 맞추는 일이다.

급속하게 변화하는 외부환경을 분석하는 일은 힘든 일이다. 특히 눈에 보이지 않는 이면과 속 면을 분석하는 일은 복잡하다. 급속한 외부환경이 가장 중요한 원인으로 작용하고 있다. 빛의 속도와 같은 외부환경 변화는 개인, 기업, 국가 및 국제사회에도 비슷한 속도로 변화를 요구하고 있다. 기업이나 국가가 스스로 변화에 적응하지 못하면 우물 안 개구리가 아닌 끓는 물속의 개구리가 되어 삶겨서 죽어 버린다. 단순한 과거 역사적인 사실만의 적용은 현대 급속한 외부환경 변화에는 적용하기 힘든 몇 가지 예를 들어보자.

최근에 나비효과라는 말이 많이 사용되고 있다. 나비효과는 북경에 있는 조그만 나비 한 마리의 날개 짓이 태평양 건너 뉴욕에서 폭풍을 일으킨다는 말이다. 사소한 일이 큰 파장을 일으킨다는 말이다. 물론 과장된 표현이기는 하나 현대의 외부환경이 시공간을 초월해서 급속도로 영향을 미친다는 것을 의미한다. 손자병법에서 성동격서는 적을 유인하는 전통적인 전술이다. 동쪽에 성을 쌓고는 서쪽에서 공격한다는 말이다. 동쪽에서 소리쳐 놓으면 적이 동쪽으로 몰리는 틈을 타서 서쪽에서 공격한다는 의미이다. 그러나 성동격서의 전술은 현대 시공간을 초월해서 빛의 속도로 변하는 외부 환경에는 적용되지 않는 전술이다.

그리스 자연주의 시대에 탈레스는 만물의 근원은 물이다. 라는 말을 주장했다. 탈레스의 이론은 수 백 년 동안 깨어지지가 않았다. 원인은 교통의 불편으로 인해 외부와의 단절 현상 때문이었다. 지금 세계 최고의 의학 술은 반년이 못되어서 다른 나라에 그 의술이 그대로 옮겨진다. 기존의 최고를 자랑하던 의술은 신 의술에 밀려서 순식간에 구 의술로 변해 버린다. 중국에서 발생한 사스독감도 금방 반 오리엔탈리즘을 전 세계에 확산시킬 수도 있다. 동양인들을 죽이기 위해 무서운 사스독감을 예방과 관련시켜 출입을 금지 시키면 된다.

먼 나라에서 발생하는 전쟁도 강 건너 불 보듯 하던 시대는 지났다. 과거에는 로마와 카르타고와의 전쟁이 동양에는 아무런 영향을 미치지 못했다. 그러나 현재는 미국과 이라크와의 중동에서 전쟁의 영향은 동북아뿐만 아니라 전 세계에까지 확산되어 버린다. 전쟁에서 필요한 전술도 함부로 못하게 된다. 중동전에서 전략상 유전을 불태우게 되면 전 세계의 환경오염과 주식시장에 바로 영향을 미치기 때문이다.

전쟁 당사자이든 아니든 정치, 경제, 환경 등 모든 면에서 직접적인 관련을 가지고 있다. 전쟁에 직접 참여하지 않더라도 전 세계가 직접 피해를 보기 때문이다. 전쟁 당사국들은 자칫하면 전 세계로부터 고립상태에 빠지게 된다. 전 세계의 연관성은 더욱 가속화 되어가고 있다. 밀접한 연관성을 더해 가고 있다는 것은 적용되는 모델을 보면 알 수 있다.

◎ 외교정책 모델

외교정책 효율성의 극대화를 기하기 위해서 외교정책 모델을 적용하고 있다. 최근 외교정책에 가장 많이 사용되는 모델은 연계모델이다. 연계모델은 문자 그대로 한나라에서 일어나는 행위는 다른 나라에 반응을 일으킨다는 재발적인 행위의 연계성이다. 모델을 잘 적용하면 큰 효과를 보게 된다. 외교정책 모델의 유형에는 정책과정모델, 관료정치모델, 합리성모델, 심리적 모델, 위기시 모델, 연계모델 등이 있다. 과거에 적용되었던 모델들은 현재 적용하면 마찰을 일으킬 수 있다. 현재 내 외적인 요소에 과거 모델을 적용하면 부작용이 나타나서 실패 할 가능성이 크다.

세계 외교사를 통해 미국이 모델을 성공적으로 적용한 경우가 쿠바 미사일 위기사태이다. 미소 양 대국이 이끌던 양극체제 시 소련이 쿠바에 미사일 기지를 설치하는 문제에 대해서 미국이 대응한 외교 전략이다. 미국은 소련의 쿠바에 미사일 설치를 막을 길이 없었다. 미국이 택할 수 있는 유일한 방법은 세계 3차 대전의 극한 상황이었다. 소련이 쿠바에 미사일을 설치하는 경우에 미국은 미·소 전쟁을 바로 예상하고 있었다. 미·소 전쟁은 세계 3차 대전이자 인류의 종말을 의미하는 위험한 전쟁이었다. 미국이 원하는 최선의 방안은 전쟁을 피하고 소련이 쿠바에 미사일 기지를 설치하는 것을 막는 외교전략 이었다.

당시 적용된 모델은 관료정치모델이었다. 관료정치모델

은 흥정모델이라고도 한다. 뛰어난 두뇌를 가지고서 부서간의 경쟁 관계에 있는 관료들의 관료주의적 시각과 이익의 관점에서 외교정책을 적용하는 모델이다.

당시 백악관의 주요 결정 참여자들은 케네디 대통령, 맥나마라 국방장관, 케네디 법무장관, 소렌슨 고문, 맥콘 CIA 국장이었다. 이들 5명이 자신의 부서의 이익을 바탕으로 협상을 하였다. 결과적으로 대통령의 강경한 전쟁 안을 변경시켜서 봉쇄정책으로 선회 하도록 하였다. 전쟁도 피하고 소련의 계획도 막을 수 있었던 성공적인 사례였다.

◎ 미국의 외교정책 모델 적용 가능성

쿠바사태는 벌써 반세기가 지난 1960년대 초에 있었던 일이다. 현 시점에서 만약에 그러한 사태가 발생하는 경우 미국은 어떠한 입장을 택할 것인가를 연구 분석하면 미국의 장래를 이해하는데 도움이 된다.

현 시점에서 만약 미국에 인접한 국가에 미사일 기지를 설치하려는 국가가 있다면 미국은 어떠한 대응 외교 전략을 세울 것인가. 현재 미국의 외교정책을 주도하는 세력은 네오콘이다. 미국 공화당을 중심으로 한 정가와 관련 정부부서의 정책 결정자, 연구기관의 학자집단 및 언론을 비롯한 각종 중요기관의 보수주의자들로 구성되어져 있다. 이들은 힘에 의한 현실주의 외교정책을 추진하기를 원한다.

이들은 강한 국력을 바탕으로 힘에 의한 전쟁을 추진 할 것이다. 결과는 수많은 사상자가 나고 미국의 승리로 끝날 것이다. 그러나 미국의 힘에 의한 전쟁의 승리는 진정한 승리가 아니다. 그것은 미국에 대한 불신과 반미만 부추기는 결과를 초래 할 것이다. 현재 미국을 이끌어가는 신보수주의자들인 네오콘은 인간에게 필요한 이상과 비전을 무시한 오로지 힘과 국가이익을 우선시 하는 현실주의 외교정책을 펴 나가고 있다.

미국은 현재 세계 역사 속에서 흔들리면서 쇠퇴의 길로 달리고 있다. 미국의 쇠퇴와 관련하여 거시적인 차원에서 눈에 나타나는 직접적 외적요소인 세계여론의 근원을 이루는 대미 호감도, 미국의 리더십과 직접적 내적요소인 국력을 우선 고려할 수 있다. 내적인 쇠퇴요소는 패권국으로서 유지되는 엄청난 국방비의 과다지출로 인한 국가재정 결핍, 국가와 기업의 부채증가, 생산이 아닌 금융의 팽창으로 인한 위기, IT 거품, 주식시장의 과열, 과잉 무역적자 현상, 패권국 국민이라는 우월성으로 인한 과소비 현상으로 인한 가계부채 증가, 신규투자의 정체성, 패권국 국민이 가지는 경쟁심 없는 나태한 국민성, 국민교육의 후진성, 다민족으로서 분열현상, 넓은 국가지역특성에 의한 서남부와 동북부 지역경제의 분열현상 등이 원인이다.

외적인 쇠퇴요소는 유럽연합 등 도전국의 등장 가능성, 도전국들의 견제세력 형성, 아랍문명, 오리엔탈 및 서구전통 문명의 충돌, 군사적 케인즈의 중단으로 인한 주변국 해체 현상, 무임승차국의 저항으로 인한 경제 요소 및 안보적 차원에서의 환경변화, 패권국 보호위주의 지나친 개방요구로 인한 무역마찰, 신무기 개발기술 이동의 용이성 및 핵보유 독점권 포기, 디지털 혁명 등을 들 수 있다.

미국은 현재 가지고 있는 이상의 요소들을 변화해 나기지 않으면 앞으로 패권국으로서 위치에서 물러나게 될 가능성이 더욱 더 커지게 될 전망이다.

제 7 장
결론 - 역주행하는 미국

◎ 미국에 의존도를 높이는 국제정세

현재 초강대국 미국이 전 세계를 자신의 편익에 따라 좌지우지하고 있다. 전 세계인들은 무슨 일이든지 자신은 하지 않고 미국에만 의존 하려고 한다. 모든 자신의 어렵고 힘든 문제는 미국이 개입을 해야만 한다고 생각한다. 만일 미국이 소홀히 하면 미국에 대해서 반미감정이 일어난다. 이러한 전 세계인들의 미국에 의존하는 행동과 생각에 대해서 미국은 즐기고 있다.

미국이 자신들 만의 국익을 위해서 하는 행동에 대해서 전 세계는 그냥 보고서 꿀 먹은 벙어리 모양 침묵을 지키고만 있다. 아프간전쟁과 이라크 전쟁에서 보여 주었듯이 세계여론 기관인 유엔위에서 유엔의 반대를 무릎 쓰고 무슨 행동이든지 행하고 있다. 이러한 미국의 행동에 대해서 한국을 비롯한 동맹국들은 미국인들이 즐겨먹는 햄버거 빅 맥에 아주 짠 소금을 집어넣어서 정신을 차리도록 하여야만 미국 자신은 물론 한국을 비롯한 동맹국과 함께 전 세계의 평화와 발전이 있는 것이다.

미국의 이라크와 아프간전쟁에 대해서 시인 빌 후크는 미국의 테러행위에 대한 보복전쟁은 미국이 제국주의 국가이자 백인지상주의와 자본가들의 세상임을 증명하였다라고 하고 있다. 최근 미국을 보는 미국의 지식인 집단은 9.11 테러에 대해서 미국의 잘못일 수도 있다는 의견과 미국이 주도한 일이라는 비난도 나왔다. 또한 이들은 '미국은 폭력과 지배와 죽음에 몰두하고 있다는'라는 의견을 내 놓았다.

◎ 이슬람문화와 기독문화의 충돌

인류는 지난 수 십 년 동안 겪은 광란의 역사를 겪고 있다. 아프간에서 출발하여 전 세계에 점조직으로 번져가는 테러집단들, 1995년 도쿄 지하철 옴진리교의 독가스 테러행위. 남극대륙에까지 점조직을 둔 이슬람 테러조직 헤즈볼라, 아직까지 이슬람국가에서 영웅대접을 받는 테러리스트 오사마 빈 라덴과 그 잔당의 생존설, 테러와의 전쟁을 위해서 자유해방군이라는 명목으로 중동에서 끝없는 전쟁을 펼치고 주변 동맹 국가들까지 수렁으로 몰아가고 있는 미국, 기독교 제국으로부터 이슬람문화의 승리를 향해서 자신의 목숨과 고귀한 생명을 헌신짝 버리듯이 여기는 중동의 이슬람 문화권 과격주의자들, 그들의 목표는 지구상에서 기독문화를 없애는 것을 목표로 하고 있다.

과거 십자군 전쟁 등 천 년 간 계속된 기독교 문화는 결국 그 자체가 힘을 바탕으로 한 전쟁의 연속이었다. 앞에서 이미 수차례 언급한 것처럼 1618년 신성로마제국인 독일에서 시작된 30년 종교전쟁은 현재의 미국을 탄생시킨 직접적인 계기가 되었다. 현재 미국인들은 대다수가 기독교인이자 유럽과는 다른 기독문화 유산을 바탕으로 하고 있다.

미국문화의 바탕을 형성하고 있는 기독교 문화의 역사도 힘을 바탕으로 하여 정복을 일삼아 왔었다. 반면 이슬람문화를 바탕으로 하는 중동의 국가들 역시 힘을 바탕으로 한 손에는 코란과 다른 손에는 칼을 들고서 정복을 향해서 나아가고 있다. 이제 기독 문화를 바탕으로 하는 미국과 이슬람문화를 바탕으로 하는 중동과는 생존을 건 전쟁으로 몰아가고 있다.

이슬람교와 기독교가 모두 중동지방에서 탄생하여 같은 뿌리를 두고 있다. 기독교와 이슬람교가 중동지방에서 발생한 원인은 척박한 사막 땅에서 힘든 인간의 삶에 비전과 희망을 주고 죽은 후의 생에 대해서 비전을 제시함으로써 현재의 삶의 대해서 보다 적극적인 현실참여를 요구하게 만들었다. 이슬람교들이 기독교보다 현실에 적극적으로 참여하여 자신의 목숨을 쉽게 국가와 민족을 위해서 헌신하는 원인은 죽은 후의 내세에는 희망을 보장 받을 수 있다는 생각에서 나온 사상인 것이다.

기독교 역시 불교나 유교보다는 보다 현실참여를 요구하

고 있기는 하지만 이슬람교만큼은 과격하지 않다. 그러나 이슬람과 기독교 문화가 과거 역사에서 잦은 충돌을 가져온 사실을 생각하면 앞으로 중동의 이슬람문화와 미국의 기독교 문화 간에는 상당한 충돌이 예상되며 미국이 새로운 테러에 피해를 입을 가능성이 크다. 따라서 미국은 중동의 국가에 대해서 모 아니면 도라는 과격한 방법을 택하고 있으며 천당과 지옥사이에서 회개할 수 있는 기회를 주는 연옥은 미국은 중동의 이슬람국가에 대해서는 허용하지 않고 눈에는 눈 이에는 이라는 과격한 행동으로 맞서고 있다.

세계 4위라고 자처하는 중동의 맹주인 이라크를 일 차전에서는 무승부로 이 차전에서는 수주일 만에 승리를 하여 이라크의 후세인 정부를 아예 없애 버리고 기독문화를 상징하는 자유라는 명목으로 자유해방군을 파견하고 미국에 의존하는 친미정부를 수립하였다. 점조직으로 남극에까지 펼쳐진 테러집단의 근거지인 아프간의 험악한 산악지대에 위치한 탈레반 정부마저도 불과 3주 만에 없애버렸다.

기독교 문화를 바탕으로 하는 미국의 정통전쟁으로 인한 힘이 얼마나 강한가를 과시하면서 중동의 어느 국가도 미국에 대항하는 경우 후세인과 같은 꼴이 된다는 것을 보여 주었다. 중동이나 전세계 강대국들은 미국의 위력에 입을 다물고 있다. 기독문화를 상징하는 미국은 이제 전 세계 문화를 단 일화 하기 위해서 전 속력으로 달려 나가고 있다. 그들은 항상 그들이 원하는 언덕위에 기독문화의 도성을 쌓기 위해서 질주하고 있다. 이미 십 여 년 전에 마르크스 사상을 바탕으로 종교를 부정하던 공산주의 국가를 대변하는 소련을 미국은 반세기동안 냉전이라는 전쟁을 통해서 무릎을 꿇게 만들었다.

전 세계 인구의 삼분에 일에 해당하는 국가들이 바탕으로 하였던 마르크스 사상을 창시해낸 칼 마르크스는 종교는 아편이다. 라고 보았다. 따라서 공산주의 국가에서는 종교를 믿는 것을 금지하였다. 그러나 최근 중국을 비롯한 공산주의 국가들이 종교를 믿도록 허용하고 있다. 이것은 간접적으로 보면 기독교 문화 영향력의 일시적 승리라고 볼 수 있다. 기독교 문화는 전 세계 어디든지 파고들어가고 있다. 이슬람 문화권에 위치한 중동에서 유일 기독문화권 국가인 이스라엘은 미국의 지원 하에 이슬람국가들에 둘러싸여서 여유롭게 잘 싸워나가고 있다.

이제 기독교 문화는 근동인 동양의 제국에까지 파고들고 있다. 공산주의로 전 세계인구의 4분의 1을 가지고서 동양문화를 상징하는 중국도 서서히 기독교를 허용하면서 서양 기독문화에 빠져들고 있다. 중국인들의 상당수가 서양 문화에 매료되어지고 있으며 기독교를 믿는 사람들의 수가 점차적으로 늘어나고 있다.

◎ 서구문화의 비서구문화 분류의 아이러니

미국은 경제적으로 미국 다음인 세계 2위의 경제대국 일본을 동양문화권의 국가가 아닌 서구문화권의 국가로 분류하고 있다. 물론 일본은 이미 19세기 중반이후 동양에서서는 가장 먼저 성공적으로 서구문화를 받아들이기는 했어도 뿌리는 역시 동양문화에 두고 있다. 그러나 미국은 한국과 중국 일본이 수 천 년 동안 같은 문화적 뿌리를 두고 있음에도 불구하고 동양 삼국 중에서 단지 일본만을 서구문화권으로 분류하는 것은 아이러니가 아닐 수 없다.

이미 천년동안 계속된 신중심의 수도사 문화는 약육강식이라는 전통을 만들어 놓았다. 국제법의 시조이자 자연법의 아버지인 그로티우스는 인간의 이성을 바탕으로 한 자연법의 존재를 명시하고 있다. 1618년 종교전쟁의 직접 피해자인 그로티우스는 자연법이 존재하기 때문에 인류가 자신을 멸망시키는 전쟁은 없을 것이라는 긍정적인 태도를 보이고 있다. 자연 상태에서의 인간의 존재에 대해서 긍정적으로 보는 그로티우스의 사상은 미국인들의 사상을 만들어낸 존 로크의 자연 상태에서의 자연법이 존재하기 때문에 인간은 자연 상태에서 이성을 바탕으로 한 자연법에 의해서 행동하기 때문에 자신을 파멸로 이끄는 극단적인 행동은 하지 않을 것이라는 주장이다.

그러나 미국을 비롯한 강대국들이 행한 행동을 보면 인류를 파멸의 길로 몰고 갈만한 극단적인 행동을 과감하게 행하였다. 홉시안적 관점에서 국제관계가 로키안 패러다임보다는 더욱 명분이 가는 것이다. 토마스 홉스는 자연 상태에서 인간은 만인의 만인에 대한 투쟁 상태이며 강한 리바이어던이라는 괴물이 나타나서 강하게 통치를 하여야만 안정된 인간사회를 만들 수 있다는 것이다.

◎ 홉시안적 관점에서의 국제관계

국제관계에서도 홉스의 이론은 똑같이 생각할 수 있다. 패권 안정론자들이 주장하는 인류역사에서 세계 초강대국이 나타나면 전 세계는 그 국가의 지배 하에서 전쟁은 없어지고 세계의 평화와 안정을 가져온다는 것이다. 이러한 이론은 현재의 세계 초강대국 미국을 생각 할 수 있다. 그러나 패권 안정론보다는 인간이 가지고 있는 홉시안적 시각의 이론이 더욱 정확하다는 것은 현재 전 세계에서 끝나지 않고 계속되는 전쟁에서 이해 할 수 있다.

염세주의 철학자 쇼펜하우어는 인간의 욕망은 바닷물을 마시는 것에 비유하고 있다. 바닷물은 마시면 마실수록 갈증이 더해서 더욱 더 마시고 싶어지는 것과 같다는 것이다. 인간과 국가도 강대국이 되면 될수록 더욱 더 강하고 많이 가지고 싶어지는 욕망이 생기게 되는 것이다.

사르트르는 인간은 불완전한 존재이기 때문에 인간이 가지고 있는 깊은 내면의 무의식 속에 잠재되어져 있는 불완전은 완전을 향해서 죽는 날까지 완전해 지려고 노력을 하고 있다고 하였다. 사르트르의 말과 같이 인간이 내면 속에 누구나 가지고 있는 1퍼센트의 부족한 것에 대한 욕망은 결국 인류의 역사를 광란의 역사로 만들었으며 현재나 미래의 역사도 광란의 역사 속으로 몰아가고 있다는 것이다.

미국의 역사가 아닌 한국의 역사를 생각해 볼 수 있다. 2차대전 이후부터 미국의 동맹국인 한국의 역사는 바로 미국이 안고 있던 역사인 것이다. 지금 미국의 역사는 전 세계 인류의 역사를 광란의 역사 속으로 몰아가고 있다. 20세기부터 달리기 시작한 미국의 역사는 점차 속도를 내기 시작하면서 달렸다. 20세기 말 부터 미국의 역사는 주변에서 보는 국가들이 어지러울 정도로 광속으로 달리더니 이제 드디어 광속으로 역주행 하기 시작하였다. 엄청난 속도로 역주행하는 미국의 역사는 바로 미국인들이 만들어낸 프런티어 기질인 것이다.

◎ 위대한 유산과 위대한 캐츠비

프런티어는 목숨을 건 모험을 좋아한다. 허허벌판 황무지 땅 애리조나 사막에서 미국인들은 인디언들과 싸우기를 좋아하고 물살이 거센 콜로라도 강을 목숨을 걸고 거슬러 올라가 보아야만 식성이 풀리는 것이 미국의 역사가 만들어낸 미국인들의 기질인 것이다.

콜로라도강가의 달 밝은 밤의 아름다운 낭만과 애리조나의 키 큰 선인장 나무의 샛 빨강과 연분홍 빛깔이 섞인 백년에 한번 핀다는 아름다운 선인장 꽃은 미국인들에게는 낭만이 아닌 건너야 할 강과 위험한 선인장 가시만이 보이는 극복해야할 자연으로 생각하고 있다. 눈 오는 날 여유롭게 포장마차 안에서 술 한 잔에 어느 시인이 말한 옛 이야기를 지줄 되는 우리의 포장마차 낭만과는 달리 여유를 잃어버린 것이 미국의 역사이다. 낭만의 상징 포장마차의 원조는 미국이다. 동부에서 서부로 가기위해서 모여든 포장마차는 눈 오는 날의 여유로움이 아니라 앞으로 닥쳐올 위험한 자연과 인디언과의 목숨을 건 결투부터 생각하고 있었다.

20세기 초에 서서히 머리를 들어내기 시작한 거대한 공룡 미국 앞에 전 세계는 미국 중심의 세계로 재편되기 시작하였다. 1902년 영국 언론인 헨리 스티드는 미국의 세계화 현상에 대해서 경고의 메시지를 보냈다. 영국 작가 찰스 디킨즈도 그의 「위대한 유산」에서 미국은 근본적인 뿌리가 없는 나라이기 때문에 무식쟁이의 나라라고 미국이 유럽을 누르고 패권국으로 등장하는 것을 반대하였다. 미국 작가 스코트 피츠제럴드까지도 그의 명작 「위대한 캐츠비」에서 20세기 초의 물질만능주의가 미국사회를 망치고 있다는 것을 잘 묘사하고 있다.

◎ 편가르기에 희생된 한반도 역사

20세기 초부터 힘을 키워온 미국은 자연스럽게 패권국인 영국을 제치고 1차대전과 2차대전을 거치면서 전 세계를 미국중심으로 편성하기 시작하였다. 2차대전은 미국에게 전 세계가 자연스럽게 미국에게 의존하도록 만들었다. 2차대전 직후 전 세계 생산량의 거의 과반수에 달하는 물자가 미국에서 생산되었다. 이때부터 미국의 역사는 광속으로 달리기 시작하였다. 그러나 2차대전 이후 미국에 대해서 새로운 도전국이 나타났다. 미국이 2차대전 이후 재편한 세계질서는 자유주의와 공산주의라는 사상을 중심으로 역사를 재편해 나가기 시작하였다. 미국인들이 가지고 있는 프런티어기질에 맞추어서 과거에는 미국과 같이 싸운 국가라도 현재 미국편에 서는 나라는 동지로 생각하고 반대편에 서는 나라는

적으로 생각하여 편을 나누기 시작하였다. 그 편 가르기에 희생이 된 나라가 바로 한반도이다.

한반도는 미국이 탐내는 검은 황금 석유가 땅에 묻혀 있는 나라가 아니다. 한반도는 미국과 같은 민족이나 문화를 공유하고 있는 나라도 아니다. 단지 미국이 원하는 것은 몰아가는 열차에 가장 필요한 정거장과 같이 지정학적으로 중요한 요새라는 이유로 희생을 시키고 있다.

존 로크의 사상인 자유주의를 미국의 헌법에 명시하고 대서양 문턱에 프랑스에서 만든 자유의 여신상을 세워놓은 미국의 클리블랜드 대통령. 클리블랜드 이래 미국은 국제적으로 자유를 중시하기는 했으나 미국 내에서는 자유가 제대로 시행되지 못했다. 존 로크가 만들어 놓은 자유주의 사상을 무기로 패권국인 미국의 독주에 제동을 걸면서 마르크스를 신봉하는 도전국 소련을 없애려고 노력을 하였다. 미국이 독주해 나가는 역사에 소련이 제동을 걸면서 미국은 마르크스 사상을 신봉하는 공산주의 국가들 간에 서로 이간을 붙였다. 소련을 위해서 한국동란에 참전했던 중국을 70년대 후반부터 미국편으로 끌어들임으로서 미국은 다시 질주하기 시작하였다. 20세기말 미국은 드디어 달리는 열차에 항상 제동을 걸어오던 소련을 멸망시키고 미국만이 세계를 주도하고 이끌어나가는 인류 역사상 로마이래로 최대의 강국이 되었다.

◎ 미국독주에 제동을 건 중동의 테러집단

인류의 역사를 통해서 수많은 패권국들이 등장하기는 했으나 로마와 대영제국 및 미국을 3대 패권국이라고 역사가들은 부르고 있다. 그러나 사실상 대영제국은 유럽 국가들의 견제와 식민지 국가들의 견제 속에서 오래 버티지를 못하고 항상 불안하게 패권국을 유지해 나갔다. 미국의 보수학문을 대변하는 하버드 대학의 사무엘 헌팅 톤이나 네오콘들의 말을 인용하면 미국은 현재 전 세계 230개국을 상대로 싸워도 승산이 있다고 보고 있다.

미국은 2차대전 이후 전 세계의 역사를 미국 중심의 역사로 재편하기 위해서 급속도로 질주하였다. 미국의 질주에 소련 등이 제동을 걸었기 때문에 그나마 미국은 조심을 하고서 달렸다. 그러나 소련 몰락이후 미국은 마음대로 세계의 역사를 몰고 나갔다. 어느 누구도 미국의 독주에 제동을 걸지 못했다. 전 세계의 의견을 수렴하는 최고기관인 유엔마저도 미국의 눈치를 보는 입장에 있었다. 유엔본부가 미국의 뉴욕에 있기 때문에 미국이 유엔위에 있는 것처럼 행세를 하고 있다.

이러한 미국의 오만한 행위에 대해서 중동의 오사마 빈 라덴을 중심으로 점조직으로 구성된 테러집단에 의해서 행해진 9.11 테러행위에 미국의 역사는 흔들리기 시작하였다. 9.11 테러는 인류역사의 기원전과 기원후로 나눌 만큼 큰 사건이었다.

21세기 초 9.11 테러이후 미국은 반정신병자가 되었다. 그들은 선조들이 유럽으로부터 도망쳐 나올 때부터 가지고 있던 불안증이 다시 도진 것이다. 미국은 테러행위의 거점인 아프간과 대량살상무기 보유국이라고 간주하는 이라크에 대해서 전 세계 여론의 반대를 물리치고 전쟁을 감행 하였다. 미국은 테러이후 인류의 역사를 광속으로 역주 행함으로써 광란의 역사 속으로 몰아가고 있다. 미국이 감행하는 역사에 대한 위험한 역주행은 전 세계로부터 비난을 받고 있다. 여기에다 오래 전부터 거론된 미국이 패권국으로부터 물러나게 될 위기에 있다는 말이 나오기 시작했다.

◎ 역주행하는 미국역사

미국은 현재 역사를 역주행을 하면서 광란의 역사 속으로 몰아가고 있다. 영국의 작가 조지 오웰은 1948년 그의 작 「1984년」에서 스탈린시대가 몰고 올 인류 광란의 역사를 두려 워 했다. 조지 오웰의 예상대로 현재 미국이 스탈린시대의 소련을 대신해서 중동을 비롯하여 많은 국가들과 마찰을 일으키면서 전 세계를 광란의 역사 속으로 몰아가고 있다. 이러한 미국의 힘에 의한 테러행위 응징에 맞서서 테러리스트들의 행위는 점차적으로 더욱 거칠어지고 전 세계의 모든 국가가 표적의 대상이 되고 있다.

전 세계는 테러에 비상이 걸려있다. 수년전 일본 지하철에서 발생한 옴 진리교의 독가스테러 사건과 같이 아프간을 비롯하여 중동에 거점을 두고서 전 세계에 점조직으로 구성되어진 테러집단들의 행위에 대해서 전 세계는 속수무책이다. 특히 미국과 유대관계를 가지고 있는 영국과 독일 등 유럽 국가들이나 동양의 일본이나 한국 등 미국의 동맹국들도 테러행위의 표적의 대상이 되고 있다.

미국의 패권국으로서의 입지가 흔들리는 원인은 이슬람 문화의 충돌 이외에 강대국들의 도전을 고려할 수 있다. 중국과 러시아 및 EU와 일본 등 주변 강대국가들이 미국의 도전국으로서 등장할 가능성을 들 수가 있다. 그러나 당분간은 강대국들의 군사적인 면을 비롯한 하드파워 차원에서는 어느 국가도 미국에 대항할 만한 국가가 나타나지 않을 가능성이 크다. 그 보다도 미국은 군사력 등 눈에 보이는 강한 국력보다는 눈에 보이지 않는 간접적인 요소에 의해서 흔들리고 있다.

간접적인 요소는 직접적인 요소보다 더 무서운 파괴력을 가지고 있다. 직접적인 요소가 전쟁을 실지로 하는데 필요한 군대와 최신무기와 무기를 만들고 군대를 움직이는 경제력이라면 간접적인 요소는 그 전쟁에 동조를 할 수 있도록 하는 영향력과 국가가 가지고 있는 신뢰성과 매력 등을 들 수가 있다. 다시 말하면 그 국가에 대해서 적이 얼마나 있느냐가 간접적인 요소라고 볼 수 있다. 현재 미국은 군사적인 힘만 내세워 전쟁광으로 여기도록 만들면서 세계에서 미국에 대한 국제적인 여론이 점차적으로 악화되고 반미감정이 극도로 고조되어지고 있다.

미국은 현재 아프간을 비롯한 중동의 국가들로부터 테러위협을 넘어서 국가 존립의 위협까지 받고 있다. 현재 미국이 받고 있는 테러위협은 미국이 그동안 만들어 논 광란의 역사 때문이다. 우선 아프간을 보더라도 미국은 아프간에서 소련을 제거하기 위한 발판으로 생각하고 소련에 대한 반 소련행위를 도우기 위해서 테러들을 미국이 키워 놓았다. 중동의 대부분 국가들도 미국과 소련을 오가면서 미국의 지원 하에서 정권을 유지하면서 중동인들이 미국에 대해서 적대감을 가지도록 하였다. 세계 석유생산 2위와 3위 국가인 이란과 이라크 모두가 미국과 가까운 친미주의 국가이었다. 호메니 종교혁명에 의해서 전복된 이란의 팔레비 정권과 후세인 정권도 초기에는 모두 미국과 아주 가까운 친미주의의 국가들이었다. 종교적인 차원에서 중동에서 유일한 기독교 국가인 이스라엘을 미국이 지지하고 있는 것도 미국에 대한 적대감과 테러행위를 부치기고 있다.

◎ 휘청거리는 미국역사

9.11 테러이후 미국의 역사는 휘청거리면서 엄청난 변화를 추구해 나가고 있다. 초창기 미국이 영국으로부터 독자적인 노선을 걸을 것인가 아니면 영국의 식민지로서 그냥 남아서 있을 것인가에 대해서 조지 워싱턴을 비롯한 독립전쟁의 주역들은 진로에 대해서 많은 고심을 하였다. 당시 미국의 국내진로와 외교력에 가장 영향력을 행사한 인물은 토마스 페인을 들 수가 있다.

토마스 페인은 영국으로부터 미국이 완전히 분리되어야 하며 다른 길을 걸어야 한다는 논리를 1776년에 발간한 명저 상식에서 나타내고 있다. 토마스 페인의 이론은 그의 독립선언서를 작성한 토마스 제퍼슨을 비롯한 초창기 많은 정치인들에게 큰 영향을 주었다. 예를 들면 영국의 정치제도는 내각제이다. 내각제와 대통령제 중에서 내각제가 보다 민주적인 정치제도라는 사실을 미국의 건국의 선조들은 알고 있었다. 그러나 미국은 단지 영국의 정치제도의 유산으로부터 벗어나기 위해서 내각제를 포기하고 대통령제를 택하였다. 미국이 선택한 대통령제는 사실상 많은 문제점과 모험을 가지고 있었지만 미국은 민주주의에 대한 위험을 감수하고 대통령제를 선택한 것이다.

21세기에 발생한 9.11 테러로 인해 미국은 건국 당시 토마스 페인이 주장했던 것과 같은 고심에 빠져있다. 미국은 새로운 진로를 모색해 나가지 않으면 엄청난 테러를 당할 수 있다는 불안감에 차있다. 9.11 테러는 수 명의 테러리스트들이 작은 칼 몇 자루를 가지고 미국 역사상 최대의 엄청난 사상자와 재해를 불러 일으켰다.

9.11 테러로 인해서 미국은 테러와 공존하면서 살아가고 있으며 항상 테러에 대해서 위기의식을 가지고 살아가고 있다. 따라서 미국은 테러와의 전쟁을 선포하고 테러예방에 대해서 전력을 기울이고 있다. 최악의 경우에는 미국인들은 테러로 인해서 사망을 할 수도 있다는 생각을 항상 하고 있다.

9.11 이후 미국은 군사적인 면에서는 더욱 팽창정책을 추진해 나가고 있으며 경제력도 군비팽창으로 인해서 적자재정을 유지해 나가지만 아직까지는 세계 최강의 경제력을 유지해 나가고 있다. 문제는 이슬람 국가들의 강한 도전과

러시아를 비롯한 강대국들의 견제로 인해 미국의 국력이 흔들려서 패권국의 위치에서 물러날 가능성을 예상해 볼 수 있다. 우선 미국은 9.11 이후 엄청난 군비를 팽창하여 미국의 군비는 약 5천억 달러로 전 세계의 군비와 비슷한 군비를 사용해 나가고 있다. 경제적인 면에서도 국내총생산량이 약 11조 달러로서 전 세계 생산량의 20퍼센트에 달하고 있다. 이 정도의 상황을 보면 현재로서는 군사 경제적인 차원에서는 미국에 도전 할 국가들은 나타날 가능성이 없다.

전 세계의 모든 국가들은 순수 정통적인 전쟁방법으로는 미국에 도저히 대항 할 수가 없다는 것을 공식적으로 이해하고 있다. 특히 지난번 두 차례의 이라크전과 아프간 전쟁에서 미국이 보여준 신무기와 전투방식은 미국의 군사력인 얼마나 강하다는 것을 보여주었다. 만일 현재 어느 국가도 미국에 도전하겠다는 마음을 먹는다면 그 국가는 정상적인 생각과 사상을 가진 국가라고 할 수가 없다. 따라서 현재 초강대국인 러시아나 중국 등 강대국들도 미국의 힘에 도전하기 보다는 단지 강대국들이 힘을 합쳐서 미국의 독주에 대해서 견제하는 정도의 양상을 보이는 정도이다.

핵무기 개발과 보유 및 대량살상 생화학무기 차원에서 미국은 취약성을 보이고 있다. 우선 러시아는 미국 본토 전체를 초토화 시킬 수 있을 정도로 많은 핵폭탄을 보유하고 있으며 여기에다 최근 러시아는 모스크바에서 미국 본토에까지 핵폭탄을 실어 나를 수 있는 장거리 미사일 실험에 성공을 거두었다. 따라서 미국으로서는 러시아가 미국의 독주에 견제를 하는 경우 신경을 쓰지 않을 수 없다. 그러나 그

보다 더 무서운 일은 현재 러시아가 보유하고 있는 수 천 개의 핵폭탄이 미국의 적대국인 이란이나 북한 및 리비아 등에 전달되는 경우 미국은 안보적인 차원에서 위협을 받을 수 있다. 특히 러시아의 방사성 물질이나 생화학 무기 등이 북한이나 이란이나 알카에다 등 테러집단에 전달되는 경우에 미국의 안보에 치명적인 위협이 가해질 가성을 배제할 수 없다.

러시아 다음으로 중국이 어느 정도의 핵무기를 보유하고 있기 때문에 미국에 어느 정도의 부담이 된다. 그러나 중국은 경제적인 차원에서 미국을 가장 중요한 경제파트너로서 역할을 추진해 나가고 있기 때문에 미국에 대한 도전적인 의사를 나타내지 않고 있다. 중국은 미국과 러시아에 이어서 세계 3번째 인공유인우주선 발사성공과 대륙국이면서 항공모함을 만들 계획을 발표하기는 했으나 미국에 대해서는 도전의사를 나타내지 않고서 미국이 리더십을 발휘하기를 기대하고 있다. 유럽 연합국이나 일본 등의 강대국들도 현재 미국에 대해서 도전적인 의사를 나타내지 않고 있기 때문에 당분간은 미국이 주도권을 쥐고 나갈 것으로 예상된다.

다음으로 미국이 패권국으로 추락할 가능성이 가장 큰 문제는 미국이 안보적인 차원에서 노출된 취약성을 보이고 있는 상황이다. 미국은 지난번 9.11 테러당시에 보여주었던 안보상의 허점이 중동의 테러집단에 의해서 재현될 가능성이 크다. 알카에다를 비롯한 테러집단들은 이슬람 무장단체들로서 그들이 정신적인 바탕을 이루고 있는 사상은 이슬람 종교이다. 이슬람교는 다른 종교보다는 현실 참여성이 강한 종교이다. 불교보다는 기독교가 현실 참여성이 강한 종교이기는 하나 기독교보다는 이슬람교가 더욱 현실 참여성이 강한 종교이다. 세계의 가장 중요한 종교인 이슬람교와 유대교와 기독교가 모두 중동지방에서 탄생하였으며 아브라함을 시조로 하고 있다.

◎ 유교문화와 기독문화보다 과격한 이슬람문화

중동에서 이슬람교도들이 과격한 테러행위를 하는 원인은 중동이 사막의 척박한 땅에서 생활해야하는 환경 때문에 현재의 세계보다는 죽은 후의 미래에 대한 찬란한 보장을 꿈꾸며 사는 사람들이다. 따라서 중동 인들에게는 현실세계보다는 죽은 후의 세상에 대해서 더욱 희망과 기대를 거는 민족들이다. 현재의 세계에서의 삶에서 자신을 희생하면 할수록 죽은 후 미래의 세상에서는 자신의 미래는 더욱 더 보장을 받을 수 있다는 것이 바로 이슬람교를 믿는 중동 인들의 생각이다. 그들이 이러한 생각을 가지고 있는 한 지구상에서 전쟁은 끝나지 않을 것이다.

중동이 전 세계의 관심을 가지기 시작한 것은 석유가 발견되고 나서부터이다. 중동을 특징지을 수 있는 3대 특징은 종교와 왕정과 석유를 들 수가 있었다. 왕정에 대해서는 외부와의 단절로 인해서 독재가 오래 동안 행하여 졌으나 최근 외국과의 교류로 인해서 왕정이 많이 약화되어가고 있다. 특히 이란의 호메니에 의한 종교혁명으로 인해서 팔레비 왕권의 붕괴가 주변 국가들에게 크게 영향을 미치고 있다. 중동의 정치특성을 보면 정치는 종교의 한 부분으로 생각할 수 있다. 다시 말하면 종교가 정치위에서 군림을 하고 있다.

중동에서 다른 특징은 이슬람교이다. 앞에서도 설명 하였듯이 이 종교는 현세에서 영광스럽게 죽는 것을 명예로 생각하기 때문에 그들은 죽음에 대해서 두려워하지 않으며 현세에서의 명예스러운 죽음은 결국 죽은 후의 찬란한 세상이 보장된다는 것에 기대를 걸고 있다. 따라서 이슬람 무장단체들은 미국과의 전쟁에서 목숨을 쉽게 버린다.

중동이 다른 세계와 특징짓는 또 다른 특성은 산유국이라는 점이다. 중동의 석유에 대해서 미국을 비롯한 강대국들의 손길이 강하게 작용하고 있으며 미국은 유럽의 유로화와 일본의 엔화 등 달러이외의 다른 나라의 화폐가 침입하는 것에 대해서 허용을 하지 않고 있다. 과거에는 이란이나 이라크 등이 미국과의 동맹국으로 역할을 하였으며 미국이 사우디아라비아와 쿠웨이트 등 중동국가들에 대해서 관심을 가지고 중동의 분쟁에 매달리고 있는 원인은 바로 그들이 산유국이기 때문이다.

◎ 문명충돌

미국의 안보에 가장 크게 영향력을 끼칠 나라는 중동의 이슬람국가이다. 특히 9.11 이후 후쿠야마나 헌팅톤이 문명충돌론을 내세우고 있기 때문에 중동의 이슬람 문화와 미국의 기독문화 간의 갈등이 심화되어 중동의 과격 테러리스트들이 미국에 대해서 또다시 테러행위를 할 가능성이 크다.

역사적인 차원에서도 예루살렘 성지회복을 위한 십자군 전쟁이나 오스만터키의 비잔티움 공격 등 이슬람교와 기독교간의 갈등은 유럽역사를 통해서 오래 동안 계속되었다. 현재 미국은 중동의 맹주인 이라크를 없애고 이란과 리비아 등에 대해서 언제든지 이라크와 같이 공격할 가능성을 보이고 있기 때문에 이들 중동국가들은 미국에 대해서 적대관계를 유지하면서 정통 전쟁방식이 아닌 테러행위에 의해 미국에 대항하는 전쟁방식을 사용하고 있다.

테러리스트들을 동조했다는 명목으로 아프간 탈레반 정부나 이라크의 후세인을 리바아의 카다피나 이란인들이 보았기 때문에 미국의 눈을 피해서 핵개발에 박차를 가하고 있으며 미국이 주도하는 국제사회에서 핵개발 금지국의 표적이 되지 않으려고 노력하고 있다. 그러나 그들은 단지 미국의 강한 힘 앞에서 숨어 있을 뿐이지 언제든지 테러행위를 하기 위해서 핵무기 개발과 대량살상무기 유포를 미국본토에 하여 알라신의 이름으로 미국을 멸망시킬 것이며 또한 미국을 멸망시켜서 승리를 할 수 있다는 확신을 가지고 테러행위를 준비하고 있다. 따라서 미국이 그들의 핵개발을 지연시킬 수 있지만 완전히 막는다는 것은 불가능하다.

◎ 새로운 형태의 전쟁

현대의 전쟁은 정통적으로 많은 군대를 움직여서 하는 전쟁에서 극소수의 테러리스트들이 플라스틱 통에 핵물질을 운반해서 원자력 발전소등 몇 개의 주요시설을 공격하면 전쟁은 끝이 날 정도로 변해가고 있다. 이러한 상황을 감안하면 미국의 안보는 허점투성이이다. 속담에 지키는 열 명이 훔치려는 도둑 한명을 당하지 못한다는 말이 있다. 미국은 테러예방에 대한 사전정보 입수 등 총력을 기울이면서 대치해 나가기는 하지만 항상 불안한 상태에 있다.

현대의 세계는 미국 중심의 세계로 재편되면서 세계화 현상은 가속화되어 지고 있다. 전 세계는 점차적으로 국경이 없어지고 있으며 미국 중심의 사고로 변하고 있다. 역사적으로 볼 때 초강대국 한나라가 나타나면 그 시대는 초강대국을 중심으로 국제사회가 움직이기 때문에 세계의 평화와 번영과 경제적인 안정이 된다는 패권 안정론 자들의 주장이다. 안보뿐만 아니라 경제적인 차원에서 초강대국이 나타나면 그 시대는 전 세계가 번영하게 된다는 주장이다.

그러나 패권 안정론 자들의 주장은 현재 유일 초강대국 미국에 대해서는 적용되지 않고 있다. 미국은 서부개척기의 마을 주민을 지켜주는 보안관 역할을 국제사회에서 하고 있다. 현재 전 세계인들은 조그만 문제만 생겨도 미국이 리더로서 나서서 적극적으로 개입해서 문제를 해결해 주기를 원하고 있다. 전 세계인들은 미국이 소극적인 태도를 보이면 반미감정을 일으키고 미 대사관 앞에서 항의를 한다. 그러나 문제는 이러한 추세로 나가면 전 세계는 보이지 않는 미국의 손이 작용하여 미국의 노예화와 식민지화가 될 가능성을 배제할 수 가 없다. 과거에는 소련이라는 공산주의를 대표하는 거대한 국가가 존재하고 있었기 때문에 미국에 대한 견제를 지속적으로 해 나갔다.

◎ 서구문명 VS. 비서구문명

미국은 전 세계를 서구문명의 국가와 비서구 문명의 국가로 분류를 해 나가고 있다. 미국이 보는 관점에서의 서구문명이란 지역을 기준으로 하지 않고 있다. 지역을 기준으로해서 유럽 쪽에 위치한 국가를 서구 문명국가라고 규정하는 것이 아니라 서양식으로 발달된 국가를 서구문명의 국가라고 부르고 있다. 아메리카 대륙에서도 캐나다는 서구문명의 국가로 간주해서 서구문명국가 속에 포함시키고 있다. 반면 멕시코의 경우는 스페인 문명을 이어 받았다 하더라도 비서구 문명의 국가로 생각하고 있다.

일본의 경우는 동양에 위치하고 있지만 서구의 문명권 국가라고 규정하고 있다. 일본은 19세기 중반 이후 메이지 유신을 거치면서 미국이나 독일 등의 국가의 문화를 성공적으로 모방한 것에 불과하다. 미국이 일본을 서구문명권에 포함시키는 원인은 일본이 군사적인 동맹국이자 세계 제 2의 경제대국이라는 점에 근거를 두고 있다.

유럽대륙의 남단에 위치한 스페인의 경우 유럽문명국에서 제외시키고 있다. 스페인은 한때 이슬람제국들이 정복하여 오래 동안 이슬람 문화권 하에 있었다는 역사적인 사실도 있지만 유럽의 중심부에서 멀리 떨어져있다는 사실에 기인하고 있다. 또한 인종적으로 보아서도 중동의 검은 머리를 가진 중동인들 쪽이 더 가깝다고 생각한다. 스페인이나 포르투갈이 유럽에서 경제적으로나 군사적으로 중요한 역할을 하지 못하고 있기 때문에 유럽문명에서 제외시키고 있다. 그러나 그리스나 이태리는 남유럽 쪽에 위치하여 중동과 가깝지만 서구문명으로 포함시키고 있다.

미국의 서구문명과 비서구 문명의 분류는 기독문화와 이슬람문화의 양대 진영으로 분류하고자 하는 의도이다. 미국은 이슬람 문화권에 대해서 강하게 대처해 나가야만 미국이 생존할 수 있다는 사실을 알 수 있다.

◎ 미국이 거부하는 세 가지 사실

현재 패권국인 미국이 거부하는 3가지 사실이 있다. 이 세 가지 사실은 서구의 기독문화로부터 미국이 패권국이 되면서 만들어낸 사고인 것이다. 앞에서도 설명하고 있듯이 악이라는 말과 연옥과 스몰, 즉 작다는 말이다.

패권국 미국은 악이라는 말을 서구 이슬람 문화권 국가들과 미국편에 서지 않는 국가들을 겨냥해서 지구상에서 없애야 할 존재로 생각하고 있다. 이슬람 문화권 국가들을 비롯한 과격 테러리스트들과 심지어 종교를 가지고 있지 않았던 소련이나 북한 등 미국의 반대편에 서있던 국가에 대해서는 악이라는 말을 지속적으로 사용하고 있다.

미국에서 사용하는 악이라는 말은 단순히 나쁜 행위의 악이 아니라 종교적인 차원에서의 악이 포함되어져 있다. 이슬람 국가들의 테러행위나 북한이 핵개발을 추진하는 행위 등은 모두가 악이라고 규정하고 있다. 그러나 악이라는 개념은 미국인 자신들에게는 다른 의미로 해석된다. 미국인 자신들은 악과는 거리가 멀다는 사고를 가지고 있으며 자신들은 결코 악인이 되지 않는다는 사고방식을 가지고 있다. 이러한 미국인들이 가지고 있는 사고는 이슬람교도들은 반드시 지상에서 없애야만 하는 존재로 생각하기 때문에 그들에 대한 무자비한 공격에 대해서 고려를 하지 않고 있다.

다음으로 미국인들은 지옥과 천당이라는 말은 사용하고 있지만 연옥은 존재하지 않는다고 생각한다. 다시 말하면 천당과 지옥에 가기에 앞서서 다시 회개를 할 수 있는 기회를 주어서는 안 된다는 것이다. 다시 말하면 중동의 테러리스트들이 행한 행위에 대해서 회개하고 반성하는 행위를 용납하지 않는 다는 것을 의미한다. 이 말은 미국은 테러를 없애는 행위나 아니면 테러에 동조를 하는 행위를 분명히 하여 양자택일을 하여야 한다는 의미이다. 다시 말하면 중도는 있을 수 없다는 의미이다.

다음으로 미국에서는 스몰이라는 말을 사용하지 않는다. 이것은 미국인들의 사고가 단지 미국 내에서만 국한된 것이 아니라 전 세계인들보다 위에 있다는 우월감에서 사용하는 말이다. 다시 말하면 백인우위의 사회까지 생각할 수가 있다. 미국 내에서는 국내라는 말보다 월드라는 말을 훨씬 많이 쓰는 이유가 바로 미국인의 우월감과 자신들은 특별하다는 예외주의를 바탕으로 하는 사고방식에서 나온 것이다.

◎ 미국의 예외주의 우월주의

인간사회는 누구나 다 뿌리를 찾아서 모이게 마련이다. 그 뿌리는 다 같이 중요하다. 아프리카의 흑인문화에 뿌리를 둔 민족은 자신의 뿌리를 유지하기 위해서 많은 노력을 한다. 동양인들과 이슬람문화권 사람들 역시 자신의 고유문화를 유지해 나가려고 노력을 하고 있다.

지금 미국이 가지고 있는 사고방식은 미국식 성공모델을 생각하고 있다. 전 세계 물자의 약 사분의 일에 해당하는 풍부한 천연자원의 물자를 가지고 있다는 우월감과 백인이 인종적으로 다른 유색인종보다 진화된 인종이라는 인종적인 차원에서의 우월성을 비롯하여 다른 나라들은 미국을 따라야만 발전할 수 있다는 생각을 가지고 있다.

역사학의 석학 아놀드 토인비의 말과 같이 역사는 그 자체를 되풀이하고 있으며 항상 승승장구만 하는 것이 아니다. 달도차면 기울기 마련이다. 특히 현대는 주변 변화의 속도가 급속하게 변화되고 있다. 패권순환론의 주기는 급속도로 빨라지고 있다. 언제 어느 나라가 패권국으로 등장할지 모른다. 앞에서도 언급한 것처럼 파스칼의 명상록에서처럼 인간은 조그마한 독바늘에 의해서도 죽을 수 있다는 것을 알기 때문에 인간은 생각하는 갈대에 불과하지만 강한 우주보다도 더욱 강하다는 것이다.

현재 미국은 자신이 약하다는 것을 모르고 자신은 우주와 같이 강한 부류라는 생각에만 사로잡혀져 있다. 현재 전 세계는 미국 문화권속으로 들어가고 있다. 그러나 반대로 미국은 많은 국가로 부터 신뢰성을 상실하고 있다. 신뢰성은 도덕성과 책임감과 능력을 의미한다. 미국은 정치경제를 포함하여 패권국으로서 능력은 충분하다. 반면에 도덕성과 책임감에서 미국은 문제점이 너무나 크다. 이러한 도덕성과 책임감을 회복하는 경우 미국은 흔들리지 않고 세계 유일 초강대국으로 위치를 유지해 나갈 것이다.

◎ 한국은 미국으로부터 독립해야만 패권국이 될 수 있다

미국과 관련하여 동맹국인 한국을 비롯한 국가들은 미국에 대해서 의존성을 완전히 버려야 한다. 우리 스스로가 직접 국제사회에서 우리의 국익을 위해서 뛰어야만 한다. 한국의 경우 미국의 가장 가까운 안보적인 동반자이자 중요한 경제파트너 이다. 한국동란을 경험한 구세대 사람들은 아직도 미국이 국제사회에서 한국에 문제가 생기게 되거나 북한이 침공하는 경우 미국이 막아 주리라는 그릇된 생각을 여전히 하고 있다. 그러나 문제는 미국도 한 국가로서 미국의 국익부터 우선순위로 생각하기 때문에 미국의 국익에 위배되거나 손해를 보는 행위는 절대로 하지 않는다는 것을 원칙으로 하고 있다.

미국은 아직까지 다민족 문화를 바탕으로 하지만 전통의 와스프 문화에 길들여져 있기 때문에 차가운 민족성을 가진 사람들이다. 동양의 가족적이고 인간적인 면이 부족하다. 따라서 국제사회라는 파이프라인이 잘 돌아가지 않는 경우에는 문제를 해결하기 위해서 기존의 아끼던 부속품은 그 자리에서 뽑아서 버리고 새로운 것으로 갈아 끼워서 파이프라인이 잘 돌아가도록 만든다.

국제사회에서는 영원한 적과 동지가 없다는 것은 철칙이다. 오늘의 가장 가까운 동지는 내일의 적이 될 수 있다.

미국이 현재는 전 세계 역사의 중심에 서 있다. 그러나 우리 한반도가 미래에는 미국을 제치고 세계 패권국이 될 가능성도 있다. 한국이 패권국이 되기 위해서는 미국에 대해서 항상 복종하고 찬성하는 방향으로만 가서는 패권국에 도전하는 본 게임에 진출 할 가능성이 없다. 미국에 대해서 반대도하고 경우에 따라서는 우리가 직접 국제사회에서 부딪쳐야 한다. 이러한 때에 우리나라도 몇 년 후에는 패권국의 위치에 올라갈 수 있다고 생각된다.

침략사상이 된 미국의 프런티어

펴 냄	2007년 9월 1일 초판 인쇄 2007년 9월 10일 초판 발행
글쓴이	조 해 경
펴낸이	고 준 영
펴낸곳	법 영 사
	서울시 강남구 대치동 611 전화 (501) 8898 팩스 (501) 8895 등록 1987.11.5 제3-125호(윤) 홈페이지 www.bubyoungsa.co.kr E-mail bypuco@chol.com

※ 파본은 교환해 드립니다.
※ 저자와의 협의하에 인지첨부를 생략합니다.

정가 10,000원

ISBN 978-89-7032-237-7